中华爱国人物故事

人物故事

ZHONGHUA AIGUO RENWU GUSHI

威震海疆的
抗敌英雄裕谦

孙洪刚　编著

吉林人民出版社

图书在版编目(CIP)数据

威镇海疆的抗敌英雄裕谦 / 孙洪刚编著. -- 长春：
吉林人民出版社, 2011.5
（中华爱国人物故事）
ISBN 978-7-206-07863-7

Ⅰ.①威… Ⅱ.①孙… Ⅲ.①裕谦(1793～1841)-
生平事迹 Ⅳ.①K827=52

中国版本图书馆CIP数据核字(2011)第075940号

威镇海疆的抗敌英雄裕谦
WEIZHEN HAIJIANG DE KANGDI YINGXIONG YUQIAN

编　　著:孙洪刚
责任编辑:王一莉　　　　　　封面设计:七　洱
吉林人民出版社出版 发行(长春市人民大街7548号　邮政编码:130022)
印　　刷:鸿鹄(唐山)印务有限公司
开　　本:670mm×950mm　　　1/16
印　　张:8　　　　　　　　字　　数:70千字
标准书号:ISBN 978-7-206-07863-7
版　　次:2011年5月第1版　　印　　次:2023年6月第4次印刷
定　　价:35.00元

如发现印装质量问题,影响阅读,请与出版社联系调换。

总　序

胡维革

　　《中华爱国人物故事》是一套故事丛书。它汇集了我国历史上80位古圣先贤、民族英雄、志士仁人、革命领袖、先进模范人物的生动感人史迹，表现了作为中华民族优秀传统的伟大的爱国主义精神。

　　爱国主义是人们对于"生于斯、长于斯、衣食于斯"的祖国的一种神圣感情，是人们对于自己民族的一种强烈的责任感和使命感，是感召和激励整个中华民族的一面永不褪色的旗帜。在漫长的历史上，爱国主义一直激励着中华儿女为祖国的独立、统一、进步和繁荣而英勇奋斗。从伟大的思想家教育家孔子到统一全国的千古一帝秦始皇，从秉笔直书著《史记》的司马

迁到鞠躬尽瘁死而后已的诸葛亮，从伟大的浪漫主义诗人李白到精忠报国的民族英雄岳飞，从七下西洋传播友谊的郑和到抗击倭寇的民族英雄戚继光，从苟利国家生死以的林则徐到为变法流血的第一人谭嗣同，从威震敌胆的抗联将军杨靖宇到人民音乐家聂耳与冼星海，从踏遍青山人未老的李四光到万婴之母林巧稚，从县委书记的好榜样焦裕禄到情系雪域献身高原的孔繁森……都表现出了强烈的爱国主义精神。正是由于热爱祖国的人们前仆后继地奋斗，国家和民族才得以生存，历经一次次历史危急关头而能转危为安，走向兴盛和富强，从而屹立于世界民族之林。爱国主义是鼓舞中华儿女历经忧患、跨越沧桑、百折不挠、自强不息的伟大力量，它贯穿于中华民族的整个历史，并有力地凝聚着五洲四海的中国人。

爱国主义是一个历史的范畴,在社会发展的不同阶段、不同时期有着不同的具体内容。革命时期,需要我们为祖国的独立自主出生入死;建设时期,需要我们为祖国的繁荣富强增砖添瓦;在全国各族人民团结一心建设富强、民主、文明、和谐的社会主义现代化国家的今天,我们要争做一名新时期的爱国者。新时期的爱国者要有强烈的民族自尊心和自豪感。民族自尊心和自豪感是任何时期任何爱国者都必须具备的情感。民族自尊心能增强我们自立向上的恒心,民族自豪感能树立我们建设祖国的信心。要树立"祖国高于一切"的崇高信念,为了祖国和人民的利益不惜抛却个人的利益,甚至不惜牺牲个人的生命。要树立终身学习的理念,拓

宽自己的知识面,广泛吸收新知识新技术,完善自身的知识结构,更新学习知识的方法与理念,从思想上、知识上充分武装自己,为祖国的繁荣昌盛贡献力量。

爱国主义思想的继承和发扬,是关系到民族盛衰、国家兴亡的根本问题。一代代人爱国主义思想情操的形成,需要不断地培养。培养爱国主义的一个重要途径是向爱国主义的英雄人物和典范事迹学习。这套丛书的出版,对于人们向英雄和先进人物学习,特别是对于在中小学生中进行爱国主义教育,将可提供一些生动的教材。祝愿此书出版发行成功,为培养"四有"新人做出贡献。

于 2011 年 4 月 23 日

世界读书日

中华
爱国人物故事

编 委 会

策　划：胡维革　吴铁光
　　　　林　巍　李达豪
主　编：胡维革　邢万生
副主编：贾淑文　吴兰萍
编　委：（按姓氏笔画为序）
　　　　于二辉　门雄甲
　　　　刘士琳　刘文辉
　　　　孙建军　李相梅
　　　　李艳萍　杨九屹
　　　　谷艳秋　陈亚南
　　　　隋　军　韩志国

目录
CONTENTS

目录。
CONTENTS

禁烟先锋

　　1841年10月10日，浙江镇海城内一片火海，滚滚浓烟遮住天际，雨点一般的炮弹将这个风景如画的江南城镇变成一堆废墟。城内居民惊叫着、哭嚎着从西城门向外奔逃，一群群洋鬼子头戴着钢盔，手端步枪蜂拥而上，爬过高高的城墙，冲进城来。在南城墙上，一位年近半百的老将，满身血迹，神色庄重地站在城墙上，他慢慢地向城里扫视一圈，然后把脸转向西北，徐徐跪下，叩了三个响头，说道："圣上，臣子无用，先走了！"

　　他疾步走下城头，奋身一跃，跳进了滚滚东流的护城河里。这位老将是谁？他为什么要投水自尽？且从头说起。

　　这位老将名叫裕谦，是清朝的一名封疆大吏。1793年，他生于一个蒙古族大官僚家庭。他的祖先是清朝的开国功臣，先辈们都是清廷重用的武将。

裕谦25岁时考中进士，开始了他的政治生涯。在仕途上，他一帆风顺，青云直上，先后担任过湖北荆州府知府、湖北武昌府知府、荆宜施道道员、江苏按察使、江苏布政使和江苏巡抚等职。

就在裕谦在湖北、江苏任职期间，清政府和中华民族正面临着一场新的危机，那就是鸦片的大量侵入。

鸦片是用罂粟果的汁烘干制成。罂粟原产于南欧及小亚细亚，在公元前5世纪左右，希腊人把罂粟的花或果榨汁入药，发现它有安神、安眠、镇痛、止泻、止咳、忘忧的功效，希腊人称其为"阿扁"。公元6世纪初，阿拉伯人把罂粟传到了波斯，波斯人变"扁"音为"片"，称其为"阿片"。公元7世纪，罂粟作为药材从印度等地传入中国，中国人把"阿"音又发成了"鸦"音。从此，在中国就有了"鸦片"一词。

在公元前139年张骞出使西域时，鸦片就传到了中国。三国时名医华佗就使用大麻和鸦片作为麻醉剂。在唐乾封二年（公元667年），就有鸦片进口的记录。唐代阿拉伯鸦片被称为"阿芙蓉"；公元973年北宋印行的《开宝本草》中，鸦片定名为罂粟粟，这后一个"粟"当蒴果解。

鸦片是从一种一年生草本植物——罂粟的未成熟蒴果经割伤果皮后，渗出之白色乳汁干燥凝固而得，含多

种鸦片生物碱。鸦片分为生鸦片和熟鸦片。生鸦片呈褐色，有些品种则呈黑色；可制成圆块状、饼状或砖状；一般表面干燥而脆，里面则保持柔软和有黏性，有刺激性气味——陈旧的尿味儿，味道很苦。生鸦片中除了15%～30%的矿物质、树脂和水分外，还含有10%～20%的特殊生物碱。生物碱可分为三类：第一类是吗啡类生物碱，其中又包括三种成分，吗啡——含量10%～14%，可卡因——含量1%～3%，蒂巴因——含量约为0.2%；第二类为罂粟碱类生物碱，含量为0.5%～1%；第三类是盐酸那可汀类生物碱，含量为3%～8%。生鸦片经加工处理后，成为吸毒者使用的"熟鸦片"。熟鸦片就是生鸦片经过烧煮和发酵后，制成条状、板片状或块状；其表

镇远炮台清兵营房

面光滑柔软，有油腻感，呈棕色或金黄色，通常包装在薄布或塑料纸中。吸毒者吸食时，熟鸦片可发出强烈的香甜气味。目前鸦片在世界上的主要用途是在医疗上，每年进口数依各国所需要的数量在海关填写并缴纳药品进口税之后，海关才会同意输入。一般而言，输入的都是半熟鸦片，主要的医疗用途是麻醉及染色。

鸦片是一种麻醉神经的兴奋剂，是一种残害人们身心健康的毒品。人们一旦吸食上，很容易上瘾，就会中毒，用不了多久，一个身体强壮、精神饱满的人，就会变成骨瘦如柴、精神萎靡的"大烟鬼"了。

英国侵略者为了从中国掠夺大量财富，从道光皇帝时起，便干起了向中国走私鸦片的卑鄙勾当。他们每年向中国倾销上万箱鸦片，而从中国掠走几十万甚至几百万两白银，给中国留下的只是手无缚鸡之力，人不人、鬼不鬼的"大烟鬼"，中国的危机日益加深。

这时，一些有正义感、有良知的朝廷大臣，如湖广总督林则徐、鸿胪寺卿黄爵滋等挺身而出，强烈地呼吁道光皇帝实行禁烟。林则徐上书道光皇帝，警告他："若是任鸦片泛滥下去，数十年之后，中国将没有用来防御外敌的兵力，也将没有用来给军队发饷的银子！"

烟毒的泛滥，给封建统治者敲响了警钟，无论是道光皇帝还是朝廷大臣都十分恐慌与震惊，面对国家白银

大量外流，整个民族的身体素质每况愈下，怎么办？朝廷大臣们开始了争论。

朝臣中对鸦片的走私输入有两种主张：

一种是反对禁烟，以首席军机大臣穆彰阿、直隶总督琦善、大掌寺卿许乃济等人为首。

他们与那些从贩卖鸦片中获得好处或吸食鸦片的中央和地方官员组成反对禁烟派。他们打着为国家争取更多关税、解决银荒的旗号，主张鸦片可以按药材进口，课以重税。鸦片进口后，不准用白银购买，只准以货物交换。同时鼓励民间种土烟，用土烟抵制洋烟。他们还鼓吹鸦片无害，认为除官员、士兵不准吸食外，一般百姓不予禁止。这些害国病民的主张如果得逞，中国将变成鸦片的海洋，洋烟、土烟共同泛滥，那时就国将不国、民将不民了。他们代表了外国鸦片贩子及国内贩毒、吸毒者的利益，得到了这些人的支持。谬论一出，外国鸦片贩子便拍手称赞，称之为"聪明的办法"。

另外一种是主张禁烟，以鸿胪寺卿黄爵滋、湖广总督林则徐等人为代表。

黄爵滋，字德成，号树斋，江西宜黄人。道光三年（1823年）进士，由翰林院编修历任监察御史，兵科、工科给事中，鸿胪寺卿。道光十九年（1839年）后任大理寺少卿、通政使司通政使、礼部右侍郎、刑部右侍郎、左侍郎等职。他在鸦片战争前，创议禁烟应重治吸食者，挑起了在中国各省军政大吏中关于严禁、弛禁的一场大辩论，成为林则徐主持禁烟运动的发难者。鸦片战争爆发后，他奉派赴闽、浙查办鸦片走私问题和视察海防，坚持抵抗侵略的主张，揭露投降派的对外妥协阴谋，"一时以为清流眉目"。道光十八年闰四月初十日（1838年6月2日），黄爵滋在鸿胪寺卿任上，针对当时烟毒泛滥的严重情况和两年前许乃济提出"弛禁论"所产生的消极影响，向道光皇帝上了一个主张严禁的奏折，这便是有名的《严塞漏卮以培国本折》。在这个奏折里，他从国家财政收入支绌的严重困难出发，提出若要堵塞白银大量

沙角炮台的濒海台门楼

外流，"必先重治吸食"的主张。黄爵滋这个奏折，说理清楚，剖析利害关系最为深刻，迫使清朝最高统治者对此问题不能不进行最后的抉择。此奏折对道光帝最后决定采取严禁鸦片的政策，派遣林则徐去广东禁烟起了重大作用，并在国内产生了积极影响。

1835年6月，鸿胪寺卿黄爵滋奏请禁烟，道光帝下令各省督抚各抒己见。

林则徐在对朝廷的复奏中，完全支持黄爵滋的主张，严正地指出："鸦片流毒于中国，纹银潜耗于外洋，凡在臣工，谁不切齿……今鸦片之贻害于内地，如病人经络之间久为外邪缠扰，常药既不足以胜病，则攻破之峻剂，亦有时不能不用也。"为此，他提六条禁烟建议：一、责成州县尽缴烟具。二、给予一定期限，劝令吸食者自新。三、重惩烟贩、开馆和制造烟具者。四、对失察官吏给予处分。五、收查烟土、烟具。六、审断吸食者，就是对烟犯进行审讯，察验是否吸食，以防蒙混。

鸿胪寺卿黄爵滋、湖广总督林则徐等人会同一些有良知、有正义感的朝臣，强烈地呼吁道光皇帝，要坚决禁止鸦片的贩卖和吸食，主张重治吸食者，提出限定一年内戒掉烟瘾，过期不戒者，百姓处死刑，官员罪加一等，除处死本人外，其子孙也不准参加科举考试。这样无人吸食，鸦片就自然根绝，白银就不会外流，病民就会日益减少，国力就会日益增强。

禁烟派与反禁烟派斗争十分尖锐激烈，而道光皇帝却徘徊摇摆于两派之间。

1836年，朝廷收到太常寺少卿许乃济上《鸦片例禁愈严流弊愈大，亟请变通办理折》。这是全国第一次正式提出弛禁鸦片的建议。

道光帝对朝廷官员们说："许乃济的奏折，你们都看了吧？你们认为怎么样，不妨议一议。"

内阁学士朱山尊首先说："许乃济主张将鸦片按药材纳税进口，只准以货易货，不准用现银购买。这实际上是在为鸦片销售广开门路，一点儿也看不出什么'变通'！"

给事中许球说："许乃济建议允许民间吸食鸦片，但禁止文武官员、读书人和士兵吸食，这更行不通。只要允许民间吸食鸦片，那么，文武官员、读书人和士兵就会跟着吸食，这是堵不住的。"

御史袁玉麟也坚决反对："许乃济听任内地种植罂粟，而且说这是为了'取代外洋鸦片'。就是取代了外洋鸦片，但我们自己要种植鸦片，这岂不是自相矛盾吗？还不是贩毒吗？我们严禁鸦片的目的，是为了堵住白银外流，更主要的是禁止毒品。禁止了外国鸦片，而自己生产鸦片，那么，我们还要禁止外国鸦片有何用？"

这时，军机大臣穆彰阿说："以臣之见，许乃济的奏折也并不是一点儿道理都没有。现在，销售鸦片，收入可观。这是朝廷的一大笔财政来源。臣以为，许乃济的建议是可行的。"

对穆彰阿的意见，道光帝很不高兴。他说："朕以为，许乃济的奏折是一派胡言！对外洋鸦片，我们决不能弛禁，而且必须采取严禁的办法！"

1837年，林则徐被任命为湖广总督，到任后，他雷厉风行地在湖北继续实行禁烟。他把在江苏的禁烟经验推广到湖北。他查获了千余杆烟枪，当众刀劈火烧，同时收缴了大量鸦片，用桐油拌好，用火烧透，然后投入江中。他将各种戒烟的药物配制成药丸，在各家药店中

南山炮台围墙

出售。很多人戒掉了烟瘾，身体强壮起来。那些吸毒者的父母及妻子看到儿子或丈夫戒掉了烟瘾，痛哭流涕，他们跪在林则徐出巡的路旁，叩谢"青天大老爷"的恩情。

1838 年，京师破获一起职官贵族吸食鸦片的大案件。

鸿胪寺卿黄爵滋鉴于鸦片烟竟在京师泛滥，向道光帝上《严塞漏卮以培国本折》，主张重治吸食以禁绝鸦片，其具体办法是给予吸食者以一年的禁烟期限，一年以后仍有查获则处以死刑。

道光帝收到黄爵滋奏折之后，下令将该折转发各地将军、总督和巡抚，开展一次弛禁鸦片与严禁鸦片问题的大讨论。

朝廷很快陆续收到了各地官员的疏陈。29 名封疆大吏先后发表了看法，结果其中 21 人程度不同地对黄爵滋重治吸食鸦片的主张提出反对意见。他们认为要采纳许乃济的建议，对鸦片要弛禁。

但是，也有少数人坚决坚持严禁鸦片的立场。这些严禁派的代表就是林则徐、裕谦等人。

江苏按察使裕谦认为："种植、吸食和销售鸦片，不论是哪一方，只能是弊多利少，流失一些白银，还算小事，更为严重的是，吸食鸦片影响着国人的身心健康，有害于子孙后代。"

林则徐忧心如焚，彻夜不眠，1838年9月，他奋笔疾书，给道光皇帝上了一份令朝野震惊的奏折，全文如下：

再，臣接准部咨："钦奉上谕：'据宝兴奏：近年银价日昂，纹银一两易制钱一串六七百文之多，由于奸商所出钱票注写外兑字样，辗转磨兑，并无现钱，请严禁各钱铺不准支吾磨兑，总以现钱交易，以防流弊等语。著步军统领衙门、顺天府、五城会议具奏，并著直省各督抚妥议章程，奏明办理。'钦此。"

臣查钱票之流弊，在于行空票而无现钱。兼兑银之人本恐钱重难携，每以用票为便，而奸商即因以为利。遇有不取钱而开票者，彼即唉以高价，希图以纸易银，愚民小利是贪，遂甘受其欺而不悟。迨其所开之票积至盈千累百，并无实钱可支，则于暮夜关歇潜逃，兑银者持票控追，终成无着。此奸商以票骗银之积弊也。臣愚以为弊固有之，治亦不难。但须饬具五家钱铺连环保结，如有一家逋负，责令五家分赔，其小铺五家互结，复由年久之大铺及殷实之银号加结送官，无结者不准开铺，如违严究，并拘拿脱逃之铺户，照诓骗财物例计赃，从重科罪，自可以遏其流。但此弊只系欺诈病民，而于国家度支大计，殊无关碍。

盖钱票之通行，业已多年，并非始于今日，即从前纹银每两兑钱一串之时，各铺亦未尝无票，何以银不如是之贵？即谓近日奸商更为诡猾，专以高价骗人，亦只能每两多许制钱数文及十数文为止，岂能因用票之故，而将银之仅可兑钱一串者忽抬至一串六七百文之多？恐必无是理也。且市侩之牟利，无论银贵钱贵，出入皆可取盈，并非必待银价甚昂然后获利。设使此时定以限制，每两只许易钱一串，彼市侩何尝不更乐从，不过兑银之人吃亏更甚耳。若抑银价而使之贱，遂谓已无漏卮，其可信乎？查近来纹银之绌，凡钱粮盐课关税一切支解，皆已极费经营，犹借民间钱票通行，稍可济民用之不足。若不许其用票，恐捉襟见肘之状更有立至者矣。

木排铁链
　　两广总督邓廷桢、广东水师提督关天培为了加强广东中路海口的防务，在虎门海口设置了两道"木排铁链"。

夫银之流通于天下，犹水之流行于地中，操舟者必较水之浅深，而陆行者未必过问；贸易者必探银之消息，而当官者未必尽知。譬如闸河之水，一遇天旱，重重套板，以防渗漏，犹恐不足济舟。若闭闸不严，任其外泄，而但责各船水手以挖浅，即使此段磨浅而过，尚能保前段之无阻乎？银之短绌，何以异是！臣历任所经，如苏州之南濠，湖北之汉口，皆阛阓聚集之地，叠向行商铺户暗访密查，金谓近来各种货物销路皆疲，凡二三十年以前某货约有万金交易者，今只剩得半之数。问其一半售于何货？则一言以蔽之，曰鸦片烟而已矣。此亦如行舟者验闸河之水志，而知闸外泄水之多，不得以现在行船尚未搁浅，而姑苟安于旦夕也。

臣窃思人生日用饮食所需，在富侈者，固不能定其准数，若以食贫之人，当中熟之岁，大约一人有银四五分即可过一日，若一日有银一钱，则诸凡宽裕矣。吸鸦片者，每日除衣食外，至少亦需另费银一钱，是每人每年即另费银三十六两，以户部历年所奏各直省民数计之，总不止于四万万人，若一百分之中仅有一分之人吸食鸦片，则一年之漏卮即不止于万万两，此可核数而见者。况目下吸食之人，又何止百分中之一分乎！鸿胪寺卿黄爵滋原奏所云岁漏银数千万两，尚系举其极少之数而言耳。内地膏脂年年如此剥丧，岂堪设想！而吸食者方且呼朋引类，以诱人上瘾为能，陷溺愈深，愈无忌惮。

儆玩心而回颓俗，是不得不严其法于吸食之人也。

或谓重办开馆兴贩之徒，鸦片自绝，不妨于吸食者稍从末减，似亦持平之论。而臣前议条款，请将开馆兴贩一体加重，仍不敢宽吸食之条者，盖以衙门中吸食最多，如幕友、官亲、长随、书办、差役，嗜鸦片者十之八九，皆力能包庇贩卖之人，若不从此严起，彼正欲卖烟者为之源源接济，安肯破获以断来路？是以开馆应拟绞罪，律例早有明条，而历年未闻绞过一人，办过一案，几使例同虚设，其为包庇可知。即此时众议之难齐，亦恐未必不由乎此也。吸食者果论死，则开馆与兴贩即加至斩决枭示亦不为过。若徒重于彼而轻于此，仍无益耳。譬之人家子弟在外游荡，靡恶不为，徒治引诱之人而不锢其子弟，彼有恃无恐，何在不敢复犯？故欲令行禁止，必以重治吸食为先。且吸食罪名如未奉旨敕议，虽现在止科徒杖，尚恐将来忽罹重刑。若既议而终不行，或略有加增，无关生死，彼吸食者皆知从此永无重法，孰有戒心？恐嗣后吃食愈多，则卖贩之利愈厚，即冒死犯法亦必有人为之。

是专严开馆兴贩之议，意在持平而药不中病，依然未效之旧方已耳。谚云："刖足之市无业屦，僧寮之旁不鬻柿。"果无吸食，更何开馆兴贩之有哉！

或谓罪名重则讹诈多，此论亦似，殊不思轻罪亦可讹诈，惟无罪乃无可讹诈。与其用常法而有名无实，讹诈正无了期，何如执重法而雷厉风行，吸食可以立断。吸食既断，讹诈者又安所施乎？

若恐断不易断，则目前之缴具已是明征；若恐诛不胜诛，岂一年之限期犹难尽改，特视奉行者之果肯认真否耳。诚使中外一心，誓除此害，不惑于姑息，不视为具文，将见人人涤虑洗心，怀刑畏罪，先时虽有论死之法，届期并无处死之人。即使届期竟不能无处死之人，而此后所保全之人且不可胜计，以视养痈遗患，又孰得而孰失焉？夫《舜典》有怙终贼刑之令，《周书》有群饮拘杀之条，古圣王正惟不乐于用法，乃不能不严于立法。

靖远后墙界址碑

法之轻重，以弊之轻重为衡，故曰刑罚世轻世重，兼因时制宜，非得已也。当鸦片未盛行之时，吸食者不过害及其身，故杖徒已足蔽辜；迨流毒于天下，则为害甚巨，法当从严。若犹泄泄视之，是使数十年后，中原几无可以御敌之兵，且无可以充饷之银。兴思及此，能无股慄！

夫财者，亿兆养命之原，自当为亿兆惜之。果皆散在内地，何妨损上益下，藏富于民。无如漏向外洋，岂宜藉寇资盗，不亟为计？臣才识浅陋，惟自念受恩深重，备职封圻，睹此利害切要关头，窃恐筑室道谋，一纵即不可复挽，不揣冒昧，谨再沥忱附片密陈。伏乞圣鉴。谨奏。

湖广总督林则徐的这篇奏折名为《钱票无甚关碍，宜重禁吃烟以杜弊源片》，其中有一句话振聋发聩："是使数十年后，中原几无可以御敌之兵，且无可以充饷之银。"（如果任鸦片泛滥下去，数十年之后，中原将没有可以用作御敌的军队，并且国家也没有给军队发饷的银两）

这是多么可怕的景象，这种局面显然是道光帝无论如何也不愿看到的。

林则徐在给皇帝上奏折力主禁烟的同时，在两湖雷厉风行地开展禁烟运动。他和湖南巡抚陈宝琛、湖北巡抚、布政使张岳崧相商，饬属先访开馆、兴贩之人，严缉务获，一面发布禁烟告示，研制断瘾药丸，剀切禁戒吸食；在武昌及汉口等处设局，收缴烟枪、烟斗及一切器具、余烟。汉阳县知县郭觐辰率先执行林则徐的命令，在短短两个月内，拿获和收缴烟土烟膏，价值一千二百

余两，汉阳、江夏两县收缴烟枪1 264杆。

1838年8月27日，林则徐将收缴的烟枪，先用刀劈碎，随后用火烧，当众焚毁，然后将灰投入江心。

10月27日，林则徐又将收缴的烟枪1 754杆，锤碎焚毁。对营兵中有吸食者，除将该兵丁革退重办外，还将该营官、千总、把总一道拆革严惩，同时向民间推广除瘾良方，不少吸食者戒除了恶习，获得了新生。

林则徐外出巡视时，经常有着民妇女在路旁叩头称谢，说其夫男久患烟瘾，今幸服药断绝，身体渐强。

严厉的禁烟措施，使许多形容枯槁、似鬼非人的鸦片吸食者得到了新生。随后，其他各地也收缴了许多烟土烟枪。林则徐禁烟的初步成绩，一时也使道光帝增强了禁烟的信心和决心。

严禁派虽然占少数，但最终还是打动了道光帝。他立即明确表示支持严禁鸦片的主张。他采取了三项措施。

道光帝说："第一，穆彰阿，你们把林则徐、裕谦等人的严禁鸦片的奏折带走，详细讨论并制定禁烟章程。第二，将首倡弛禁鸦片的许乃济革职休致，即强令退休。第三，宣林则徐、裕谦来京。"

数日以后，北京天安门缓缓打开，露出太和殿的远景。隆冬雪后，铅似的雪云没有散开，气象肃杀。几十名佩带仪刀、弓矢的侍卫，五步一哨，对等地两旁侍立。

沉重而迟缓的钟声隐约可闻。

这是朝会的时刻。乾清宫外站着豹尾班，执枪侍卫十人，佩刀侍卫十人。

丹墀下，按着班次俯拜着六部九卿，肃穆地等候皇上召见。

军机大臣穆彰阿也领着四位京章，各按品位，前前后后地跪伏于地。

道光帝怒气冲冲地在宝座前大步地踱来踱去，向穆彰阿发脾气："好啊，在宫里居然有人敢抽大烟，太监抽

抗英群雕

面对英国殖民者的武力威胁，林则徐、邓廷桢、关天培以及广大官兵加强战备，增筑靖远炮台，随时准备打击侵略者。

大烟，连王爷也抽大烟，真是胆大包天！"

他把一根象牙烟枪向地上摔去。

象牙烟枪在团龙纹的白石丹墀上，折成两段。

满朝大臣们吓得前额触地，不敢仰视。

道光帝怒目向大臣们扫了一眼。

老迈衰弱的军机大臣穆彰阿伏地，连忙恭顺地应道："是，皇上！……这实在不像话！"

道光帝深有所感地说："真有这么一天，当兵的扛不了枪，老百姓种不了粮，咱们大清的江山还能保得住吗？"

皇帝的这句话使大臣们极为震惊。大臣们又匍匐于地。

道光帝从宝座下来，大步踱着。

烟容满面的大员们垂着马蹄袖，偷看着道光帝来回踱着的脚步。

道光帝在穆彰阿前停下来："林则徐、裕谦等人的禁烟奏折，不是叫你们去议论吗？怎么到现在还没有结果？"

穆彰阿揣摩着道光的神色："是，奴才们商议过。可是……"

"可是什么？"

"可是，六部和军机的意思是，现在禁烟恐怕操之过急……"穆彰阿吞吞吐吐地偷觑着道光帝说。

"什么叫操之过急?"道光帝勃然大怒,瞪起眼来,"一年三千万两银子白白送给洋人,你们不心疼吗?咱们八旗绿营的兵,全抽大烟,连枪都扛不动,你瞧不见吗?简直是发昏!"

大臣们面面相觑。

道光帝再到宝座坐下,问执事太监:"林则徐、裕谦他们怎么现在还不到?"

"已在外头候着呢!"太监跪下回答。

"叫他们进来!"

太监拉长声音喊:"湖广总督林则徐、江苏按察使裕谦上殿!"

穆彰阿惶惑地请示:"奴才有……"

道光帝一摆手,把林则徐、裕谦等人的奏折丢下来:"拿回去,按照奏折之意照办!"

"是!"穆彰阿跪下磕头后,连忙起身,哈腰走向宝座,恭接折子。

京章们也起身,悄然退出。

一个太监引林则徐、裕谦登殿。

林则徐、裕谦大步走来。他们通过跪着的朝臣行列,人人侧目而视。

林则徐穿着九蟒五爪蟒袍,外套仙鹤补服,右手紧紧捏着胸前朝珠，生怕走路时碰击出声。他在丹墀行觐见礼："臣林则徐恭请圣安。"

裕谦说："臣裕谦恭请圣安。"

道光帝端坐宝座，神色和蔼，徐徐说道："林则徐，我派你为钦差大臣，到广州去查禁鸦片烟。事关国家安危，你一定要把这件大事办好！"

林则徐略感惊异，抬起头来，望着道光帝，略一犹豫，立即奏道："臣领旨谢恩。"

伏在地上的许多满蒙大臣们一怔，抬起头来，互换眼色，他们想不到像"钦差"这么重大的职位竟会落在汉人的头上。

禁毒销烟文物——笼形罩铜烟灯

道光道又说："裕谦！"

裕谦急忙回答："臣在。"

道光说："我先擢升你为江苏巡抚，你要与林则徐密切配合，重点在上海查禁鸦片。"

裕谦坚决地说："臣领旨谢恩。"

林则徐、裕谦在京期

间，与龚自珍、倭仁等人会餐。龚自珍首先拿出一张书法作品送给林则徐，并且说："这是我为你送行的礼物。"

龚自珍的书法，有一个很醒目的题目：《送钦差大臣侯官林公序》。

坐下来后，龚自珍对林则徐和裕谦二人说："我坚决支持你们的禁烟主张。我也正在准备和你们一道到南方参加禁烟活动。"

"好哇！欢迎你去南方，和我们这几个老友一起干。"裕谦高兴地插话。

"不过，能不能成行，还是一回事。"龚自珍犹豫地说着，"现在当权者对我的阻挠很大。"

龚自珍喝了一口酒，又说："如果我走不成，希望你们到南方以后，要制止白银外流、平定银价，严惩鸦片的贩卖者和制造者，坚定信心，不要为各种势力的游说者所动摇，还要以重兵防御打击外国侵略者。期望你们通过一省之治而使中国十八省银价平、物力实、人心定。如果你们能够做到这些，你们的老友也会很高兴的。"

倭仁站起来说："小的为二位大人敬一杯酒。这第一杯，敬给钦差大臣林大人，祝您广州禁烟成功！"

倭仁为林则徐敬酒。林则徐哈哈大笑着，说："年轻的理学大师倭仁的酒是要喝的。"林则徐接过酒杯一干而尽。

"这第二杯酒，敬给江苏巡抚裕谦大人，祝您上海禁烟成功！"倭仁为裕谦敬酒。

裕谦是朝廷大臣中较早提出禁烟，并且坚决执行的一个。他一面上书皇帝，历陈鸦片的害处，支持林则徐的禁烟观点，一面在自己任职的省份实行禁烟。他先后发出数十篇告示，指出鸦片的危害，说它比砒霜还毒，比洪水猛兽还厉害，主张重治吸食者，对私开烟馆的人应处死。对那些私带鸦片入境的外国船只，一经查出，扣除该船执照，船货一律没收入官。他下令各地吸食鸦片的人限期销毁烟具，逾期不毁者，一经查出，从重惩治。他办案认真，不徇私情。

1833年，裕谦开始早期禁烟活动。他留心政事，极力主张反对外国鸦片的侵入，认真规定并执行禁烟政策，严禁官兵、差役和平民百姓吸食鸦片。他任武昌知府时曾发布《禁烟告示》：凡军民人等，买食鸦片烟者，杖一百，枷号两个月。如有栽种、煎熬图利者，为首发边远充军。其私开烟馆者，照邪教惑众律拟绞。知情容留，发近边充军，房屋入官。

一天下午，天气十分燥热，裕谦在府邸里热得难受，就溜溜达达地到庭院乘凉，忽然，他想起一件事要叫个家丁去做，刚要喊家丁，一想家丁们都在午休，他就想自己到家丁房里小声唤醒一个。当他轻声来到家丁们住的屋里时，其他家丁都在呼呼大睡，只有一个叫阿根的家丁在慌慌张张地藏着什么。他那张枯瘦灰白的脸一见到裕谦大人进来，吓得更没有人色了。裕谦见状，一怔，忙问："阿根，你在干什么呢？"

阿根结结巴巴地说："没，没干什么，我觉得肚子不舒服，正想上茅厕，不想大人进来，吓了一跳。"

裕谦见他神色慌张，再看看他那副骨瘦如柴，一阵大风都能刮跑的样子，心里早就明白是怎么回事了，便对阿根说："快去快回，我找你有事，回来到我书房里来。"

阿根出去了，裕谦心想："这个胆大狂徒，我这么重

禁毒销烟文物——半烧化鸦片膏

惩吸食鸦片的人，他竟敢明目张胆地在我眼皮底下吸毒，这怎么得了，我非给他点儿厉害看看。不知有没有别的家丁也吸，我得认真查查。"想到这里，他把所有家丁都叫醒，集中到大厅里。这时，阿根也从外面磨磨蹭蹭地回来了，精神也不像刚才了，好像特别兴奋。裕谦一见，心里就充满怒气，他大声地说："听说，你们当中有吸鸦片的，我很吃惊，也很气愤，谁要是主动站出来交代，本大人一定从轻发落，既往不咎，如果想抵赖，哼，我一定让他尝尝本大人的厉害。"

说完，用那双威严的大眼睛在家丁们的脸上扫来扫去，众家丁你看看我，我看看你，表情一片茫然，只有阿根在那里默默地低着头。裕谦看到这里，大声喝道："阿根，你知不知道谁吸鸦片？"

阿根战战兢兢地说："不、不知道。"

裕谦心想：好小子，你还想骗我，我一定让你露馅儿。

想到这里，裕谦说："好吧，既然大家都不说，那么本大人就没办法了，只好让大家一起受罪了。走，都跟我到那间空仓库去。"

说完，便把众家丁带到一个仓库里，里面什么也没有，众家丁进去后，靠墙站好，裕谦说："既然大家都不说谁吸鸦片，我只好采取熬煎之法，什么时候将吸鸦片

的熬煎出来，什么时候才能放了大家。"

说罢，让女仆拿来一把大锁头，将房门牢牢锁住，裕谦自己拿着钥匙走了。到了吃饭时间，女仆将给家丁送的饭先送到裕谦面前，裕谦认真检查女仆身上和饭菜，才准许送去。这样，一直到了第二天下午，裕谦又到空房去看众家丁，家丁们都安安稳稳地靠墙或站着，或坐着，或蹲着，只有靠在墙角的阿根瘫成一堆泥，鼻涕一把、眼泪一把地蜷缩在那里，昨天的精神劲儿早都没了。

裕谦走到阿根近前，用脚踢了他一下，大声喝道："大胆的奴才，还不赶快认罪！"

阿根跪在那里，痛哭流涕地叩着头，说着："奴才该死，奴才该死，大人饶命啊。"

裕谦大喊一声："来人哪，给我将阿根捆上，送交知府大人，叫知府大人给我从重处分！"

阿根被大家捆上，连推带拽地拉走了，裕谦对众家丁说："你们看着，阿根就是你们的样本，今后你们谁再敢吸食鸦片，本大人决不饶恕！"

第二天，裕谦在府邸的墙外贴了张告示说，无论谁抓获本府内家丁吸食鸦片者一人，不待定案，本府立即赏银五十两。从此以后，众家丁再也没有敢吸的了。

1839年春，裕谦到江苏任巡抚后，雷厉风行地开展了他的第二次禁烟运动。

在上海出海处的洋面上，每天都有满载着偷运鸦片的外国商船在游弋。

大量鸦片流入中国，使数百万人染上了烟瘾。上海街头到处可以看到一些骨瘦如柴的"大烟鬼"不住地打着哈欠。

一天，在上海码头的候船大厅里，坐满了候船的中外旅客，座无虚席。他们当中有候船上船的人，有迎接客人的人，有走私做鸦片买卖的人，也有来回走动的闲人。

忽然，手持长矛的两列清兵走进大厅，走到大厅中央，排成两排，面对面站立着。旅客们给军人让路，都挪到大厅周围。

禁毒销烟文物——珐琅方烟灯

"江苏巡抚大人裕谦驾到！"

裕谦头戴红缨帽，身穿清朝官服，徐步走进大厅。

他举起手向旅客们打着招呼，走进了内厅。

人们开始走动。

"往后！往后！"清兵赶着人们，不让他们在大厅门口云集。

从船上下来的旅客们陆续从大厅后门进来。清兵一个一个搜查他们的大小包裹。

这是一个中国人的行李包。

一个清兵说："把它打开！"

那个中国人说："我这里，没啥。这是我的行李包，里面就是被子和褥子。"

"打开！"清兵命令道。

那个中国人只好打开包裹，清军从里面搜到两包鸦片。

"到内厅。"清兵说。

这时，一个身材高大的英国人，一手提着一个高级旅行箱走到大厅门口。

清兵说："请把箱子放下，打开看看。"

英国人装出听不懂中国话的样子，耸了耸肩膀。通事从旁边给他翻译。

这个英国人很傲慢，瞪大眼睛高傲地说："这是我的

隐私！里面全是我给中国妓女买的内裤。"

在旁的旅客们哄堂大笑。

英国人的两个箱子都挂着大锁。清兵对英国人说："请把钥匙给我。"

"女人的内裤，你们也要查？"

旅客们又是一次大笑。

"请您严肃一点儿，我们是在执行公务。"清兵说。

"公务？你们现在还有公务啦？在我的印象当中，中国人是以公办私、以私办公的，就知道走私。"

这时，江苏巡抚裕谦从里厅走出来。他问部下："怎么回事儿？我从里屋听着，这个人到这儿已经有很久了吧？"

"回大人的话，这个人不肯让我们查看他的箱子。"一位执行人员禀报。

裕谦直接用英语对那个英国人说："不管怎么样，你得打开箱子让我们看一看吧？你一个人就耽误我们这么长时间，后面还有那么多人要等着进来。"

"你们没有权利知道我们外国人的隐私。我要提出抗议！"这个英国人很自信地嚷道。

"可今天我非得打开你的箱子不可！"裕谦说着，命其部下："撬！"并且面对大厅来来往往的旅客们说："大家来看看！这个英国人在箱子里面装得到底是什么东西。"

　　士兵们撬开那位英国人的箱子，都愣住了。里面确实没有鸦片，装的全是女人内裤。

　　裕谦和士兵们很尴尬。

　　裕谦只好对英国人说："对不起，现在，您可以走啦。"

　　可英国人不走，他说："你们得赔我的锁头。"

　　"对不起。锁头是不会给你赔的，因为你妨碍了我们执行公务。"裕谦解释。

　　英人气冲冲地提起自己的箱子就往里走。

　　裕谦今天从上海码头的检查口只抓到了三个走私鸦片的人。

　　在候船厅检查口检查完毕，裕谦带领士兵们到刚到的船上去搜查鸦片。结果，不用查，这是一艘客货洋船，货舱里，全是鸦片！船主说："这些货是刚提着两个箱子进厅的那个英国人的。"

　　裕谦听后，立即命令士兵，说："撤！"士兵们听得目瞪口呆。

禁毒销烟文物——铜六角形烟盒

　　裕谦带领清军撤到军营，对士兵们说："赶紧把官服脱掉，换成便服。我们马上再到码头，埋伏在码头附近。"

　　士兵们这才恍然大悟。

　　裕谦带领穿便服的士兵再到码头。

　　两天过去了，无人理会这艘船。

　　第三天，忽然一个士兵给裕谦使眼神。

　　裕谦看到，那个英国人领来一批走私鸦片的中国人，开始卸货。

　　裕谦立即命令道："上！"

　　裕谦终于破获了一起走私鸦片毒品的大案。

　　裕谦在江苏巡抚任内，短短两个月的时间，南京、上海两地收缴烟枪 1 264 杆，烟土烟膏价值 12 000 余两。给吸食鸦片毒品者发放官制断瘾药丸，限期戒烟。

　　不少吸毒者，在官制断瘾药丸的治疗下，戒除了恶习，得到了新生。他们和其家属无不感激涕零，叩首称谢。缴获的烟枪，送到南京总督衙门，裕谦率同两司道府官员，逐一验明，当众劈烧。继南京、上海后，其他各地也陆续地收缴了不少烟土烟枪。此情此景，使裕谦对禁烟充满了信心。他向道光皇帝奏报江苏禁烟情形说，事情并非不能挽救。裕谦禁烟的初步成绩，一时也加强了道光皇帝禁烟的决心和信心。

　　在江苏任巡抚期间，裕谦一再呼吁，鸦片烟毒甚于洪水猛兽，严禁烟片应为目前急务。在辖区内，他雷厉风行地缉拿走私烟犯，惩办包庇烟犯的不法官吏，并要求吸食者限期销毁烟具，戒绝鸦片。他还针对江苏鸦片多从上海走私入口的状况，制定了《杜绝上海洋船夹带烟土章程》，并采取有效措施，严禁漕船和内河各船走私鸦片，先后破获走私贩卖烟案数百起，缴获烟土数以万两计。从海路上严禁外国洋船夹带鸦片入口，违者，一经查示，扣留治罪，船货一并入官。他在办案中，要求严明法治，采取良民不准株累一人，烟犯更不准纵漏一人的政策，对本衙门家吸食鸦片，立即交苏州府收禁，照例加等治罪。如有拿获本衙门家丁一名，不待定案，本署院即捐尝银50两。

从1839年6月至1840年1月，由于裕谦采取雷厉风行的禁烟行动，江苏境内从上海口岸到各府州县，破获了数百起走私贩卖烟案，缴获了数以万两计的烟土，有两千多名吸食鸦片者被充军流放，使江苏成为仅次于广东的禁烟成绩卓著的省份。

前线督战

1839年3月10日上午，阳光明媚，晴空万里。广州大字码头上人山人海，沿江两岸到处是翘首以盼的人群。

忽然有人大喊一声："林大人来了！"

只见一艘官船徐徐驶来，慢慢地停泊在码头上。船上从容走下一个人，不高而敦实的身材，穿着合体的官服，宽大饱满的前额，风采照人，黑亮的眼睛小而有神，神情庄重而坚决。

群众跪倒在地，大声地高喊"林大人"。邓廷桢、怡良等大臣疾步向前，参见钦差大臣。

一行人在人群簇拥下，走向钦差大臣的临时驻地——越华书院。看到如此多的群众对自己的欢迎，林则徐内心一阵阵发热，对禁烟的疑虑一扫而光，信心倍增，一定要彻底根除鸦片！

林则徐与英国鸦片贩子面对面的斗争开始了。

　　1839年3月18日早晨，林则徐会同邓廷桢、怡良等在越华书院突然传见十三行商。

　　十三行商是清朝政府指定的负责对外贸易的官商。这些行商利用贸易之便，暗中帮助外商贩卖鸦片，并勾结官僚，刺探官府消息，从中获得巨利。他们是外国鸦片贩子向中国贩卖鸦片的中介人，是禁烟的重点对象。

　　这些行商们听到林则徐要传讯他们，顿时感到灾祸临头，个个心惊胆战。以怡和行伍绍荣为首的行商们战战兢兢地来到书院，看见林则徐端坐在大堂上，赶紧低头跪在地上，不敢抬头。

镇远炮台露天炮位

只见林则徐满脸怒容，威严地大声说道："你们这些大胆的奸商，鸦片的流毒遍布天下，都是由你们引起的，你们明知道外国货船运的是鸦片，而你们却百般掩饰，明目张胆地撒谎，为他们担保。为了得到肮脏的钱财，你们不惜充当他们的走狗，向他们通报官府的信息，而官府问及他们的情况时，你们吞吞吐吐，不说实情。告诉你们，本大臣此次来广东禁烟，首先要惩办的就是与外国商人勾结的汉奸。不过在惩办汉奸之前，要先将外国商人运到中国的鸦片全部没收。麻烦你们去通知那些外国商人将所运来的鸦片如数交到官府，并且写下保证今后永不携带鸦片，否则本大臣定斩不饶！"

这时，怡和行的伍绍荣低着头，小眼睛滴溜溜地转着，他在心里打着算盘，心想，林则徐表面装得像回事，不就是想乘机捞点儿钱吗？

想到这里，他抬起头来，对林则徐说："钦差大人，小民知罪，小民愿用自己的全部家财捐献大人，将功补过，望大人宽恕小民。"

林则徐一眼便看透了他卑鄙的意图，拍案而起，大声喝道："胆大的奸商，你竟敢贿赂本官，本大人不要钱，就想要你的脑袋，听清楚了吗？"

伍绍荣吓得赶紧叩头，嘴里不停地说道："小人该死，小人该死!"

林则徐继续说道:"本大臣给外国商人三天期限，务必如实上报所有鸦片数量，你们要如实向外面人传达，不得有误，否则将他们中表现最坏的立即正法，抄产入官! 你们不要存侥幸心理，告诉你们及那些外国商人，若鸦片一日未绝，本大臣一日不回，誓与此事相始终，断无中止之理!"林则徐慷慨激昂之声在大厅里久久回荡着。

训斥了伍绍荣等行商后，林则徐交给他们一个谕帖，命令他们向外国人传达。伍绍荣接过谕帖，慌忙跑回十三行公所将外国商人召集起来，宣读了林则徐的谕帖。那些外国商人听完林则徐的谕帖后，聚在一起议论。

有的认为这只不过是新官上任三把火，雷声大、雨点稀，过几天就会没事了;有的则认为，林则徐只不过是想趁机多捞些钱，根据以往的经验，只要送上一笔相当可观的白银，便会大事化小，小事化了。外国人一贯无视中国法令，所以他们根本就不理缴烟谕帖，只当耳旁风，决不肯把鸦片交出来。

1839 年 3 月 21 日，缴烟的最后期限已到，外国鸦片贩子一看无法蒙混过关，只好忍痛交出 1 037 箱鸦片，想敷衍了事。可是他们的这一伎俩无法欺骗林则徐，因为事前林则徐已经过周密的调查。他知道有 22

艘鸦片船停留在零丁洋上，以每艘存放鸦片 1 000 箱计，应是两万多箱，只交这么一点点就想完事，是不能容忍的。

1839 年 3 月 22 日，就是发布谕帖的第四天，林则徐下令逮捕英国大烟贩颠地。颠地长期逗留广州，大批地走私鸦片。接到林则徐缴烟谕帖后，他不仅自己抗缴，而且阻挠别人缴烟。林则徐认为，颠地是抗拒禁烟的首恶，必须严惩。当行商把逮捕颠地的命令转交给外商后，外商们立即惊慌起来，他们拒绝交出颠地。

裕谦于 1793 年生于一个蒙古族大官僚家庭

英国驻中国商务监督查理·义律，于3月24日怒气冲冲地从澳门赶到广州，亲自进行策划，企图用武力来使林则徐屈服，并准备带着被通缉的颠地逃跑。

义律破坏缴烟的行为激怒了林则徐，他下令将停泊在黄浦港口的外国商船先行封舱，不准装卸货物。同时，他命令撤出广州商馆内的全部中国雇员，并派兵包围商馆，只留一处做出入口。中国的文武官员必须凭专门发的腰牌才准进出。在商馆门口和广场入口处，都有手执武器的中国士兵把守。在商馆前面的河里，船艇排成三道警戒线，船艇上载着中国水师；在邻近商馆的屋顶上，也有士兵看守；设巡逻队，日夜巡逻。晚上，士兵提着灯笼，吹号打锣，非常警惕，防止外国人溜走。

275名外商像泄了气的皮球躲在商馆，互相埋怨着。屋内垃圾成堆，做饭、洗衣、烧水、扫地等一切杂活都得自己干。这对于那些平日里衣来伸手、饭来张口的鸦片贩子们真是难以忍受。他们有些支持不住了。

义律没有想到林则徐禁烟会如此认真、强硬、彻底，看来抵赖、抗拒已毫无意义。只好遵照林则徐的命令，于28日宣布愿意缴出鸦片船上的20 283箱鸦片。

缴烟开始后，为了防止鸦片贩子耍花招，林则徐规定：缴出鸦片四分之一，允许雇中国佣人；缴出一半，可以让舢板等船只往来；缴出四分之三，允许贸易；一

直到缴完，才能恢复正常。

义律等鸦片贩子无可奈何，只好乖乖地将所有的鸦片交出。

在收缴鸦片的日子里，码头上下到处欢歌笑语，人们兴高采烈地从船上将一箱箱鸦片搬下，堆积在虎门沙角处。

林则徐为了防止鸦片贩子捣鬼及吸食者偷窃，制定了严格的程序。他规定每两艘鸦片船为一组，按先后顺序逐箱检查验收，若是原封未动，则印上"原箱"字样，如果发现鸦片减少，则唯船主是问，勒令其补足。验收后，每箱贴上封条，编上号码，并写明验收人员姓名，然后运往虎门沙角，再由看管人员逐一验收，严加看管。若发生偷窃或其他不法行为，立即捉拿，严惩不贷。林则徐率文武官员每天风里来、雨里去，亲临现场指挥。他心里非常高兴，忘记了疲劳，昼夜工作着，难得闲一会儿。

到了1839年5月18日，鸦片船上的鸦片全部验收收缴完毕，共缴获鸦片21 306箱，真是大快人心啊！

鸦片是收上来了，但怎样才能彻底销毁呢？林则徐又遇到了新的难题。他望着堆积如山的鸦片，沉思着。他在江苏、湖北时收缴过一些鸦片，不过数量远没有现在多，就是在鸦片中拌上桐油，然后烧掉，但仍有一些鸦片渗入土里，烧得不彻底。而现在这么多的鸦片，根本不能用老办法。

他同属下研究商量，到百姓那里访谈，最后，他决定用盐卤加石灰的办法销烟。他派人在虎门镇口村地势略高的海滩上挖了两个长、宽各十五丈的大池子，池底铺上石板，池壁四周栏桩钉板，以防渗漏。池前设有一个涵洞，池后通一道水沟，池四周拦上护栏。一切准备就绪。

1839年6月3日，历史将永远记住这个伟大的日子。

这天，天空晴朗，万里碧空。明媚的阳光，湛蓝的大海，将南国城市——虎门，装点得分外美丽。虎门海

鸦片战争文物——威远炮台

滩上彩旗飘扬，人声鼎沸。

百姓们从四面八方赶来，成千上万，熙熙攘攘，兴高采烈，如同过年一般。在临时搭起的礼台上，端坐着一位庄重、威严的官员，他就是主持销烟盛典的钦差大臣林则徐。

围绕礼台四周还站满一排排身材魁梧、装束整齐、手持刀枪的士兵。整个虎门海滩一派欢快、雄壮、威严、肃穆的气氛。

下午二时许，林则徐慢慢地站起来，把手用力一挥，大声命令道："放炮！"

只听岸边礼炮震耳，鼓声如雷，震惊中外的虎门销烟开始了！它向世界宣布：中华民族是不甘屈辱的！它揭开了近代中国人民反抗帝国主义侵略斗争的序幕。

炮声一响，站在硝烟池旁边的士兵和工役们立即行动。有的引海水入池，有的往池中撒盐，挑夫们将一箱箱鸦片担到池边，打开烟箱后逐一切成四瓣，抛入池中浸泡。再将整块烧透的石灰抛入池中。

顷刻之间，盐卤、石灰、鸦片混合沸腾。工役们站在跳板上用铁锄、木耙等不断地搅拌，池中涌起一缕缕白烟，直上云天。鸦片在池中化为废渣。

等退潮时，启开涵洞，将渣末冲入大海。成千上万的围观群众里，不时迸发出一阵又一阵震天撼地的欢呼声。

到 1839 年 6 月 25 日，所有被收缴的鸦片全部被销毁。

在这 23 天里，林则徐每天都亲临现场，一丝不苟，直到最后。群众看到林大人的所作所为，深深被他的爱国行动所感染，他们都积极地投入禁烟御敌的斗争洪流中。

林则徐到在广东水师和广大群众支持下，在虎门销毁了英国鸦片贩子的两万多箱鸦片，英国政府大为恼怒，为了保护罪恶的鸦片贸易，悍然发动了举世震惊的鸦片战争。

1840 年 2 月，英国政府为了保护鸦片毒品贸易，达到他们将中国殖民化的目的，正式任命原印度总督懿律为侵华英军总司令、全权代表；义律为副全权代表，组成东方远征军，开往中国。

1840 年 6 月 21 日，这支拥有军舰 16 艘、武装汽艇 4 艘、运兵船 1 艘、运输船 27 艘、火炮 540 门、侵略军 4 000 人的远征军浩浩荡荡地开到澳门海面。28 日，用炮艇封锁了珠江口，正式向中国开战。

战争的乌云笼罩着广东海面，大有"黑云压城城欲摧"之势，一场深重的灾难就要降临到中国人民的身上。

林则徐沉稳坐镇虎门，仔细、周密地布置兵力，加

强战备，时刻准备回击侵略者。他看到广东沿海人民情绪激昂，便对广大群众进行动员，将群众发动起来，拿起武器，保卫家园。

他说："只要英军进入内河，允许人人持刀痛杀！彻底消灭，一个不留。杀死一名英军者，官府发赏银五十到一百元。"

清军水师在林则徐的指挥下，与武装渔民配合，趁着潮退，乘无数小船，用火箭、火罐等武器主动出击，烧毁了几艘英军船只。

英国军舰受到这次打击，不敢再停留在海岸一带，只好远远躲在洋面上。

英军见广州已有准备，最后只得离开广州，沿海岸往北进攻，想寻找一个突破口。

英国兵舰到达福建厦门，因闽浙总督邓廷桢早有准备，一经交火，英军便遭到清军的猛烈还击。英军只好又拽帆而去，再别图他处。

英军移兵北上，要进攻浙江的定海。

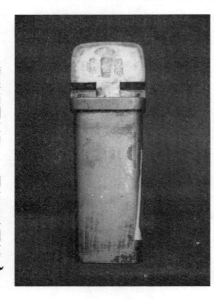

禁毒销烟文物——铜六角形烟盒

　　获得英军要向定海进攻的消息，时任江苏巡抚的裕谦急忙给两江总督兼钦差大臣的伊里布汇报："英军就要向我定海进攻了！"

　　伊里布说："这我知道。两广总督林则徐早已给我们通知了。不过，依我分析，英国这次到定海，不能说是'进攻'。他们的目的，无非就是推销一些鸦片烟而已，用不着大惊小怪！"

　　裕谦说："这可不是什么'大惊小怪'之事！英夷这次到中国，完全是一次军事行动。英国政府致我朝廷的函，不是很明确地说'中国迫害英国侨民，亵渎英女王和侮辱义律，要求赔偿损失、尊重英国官员和割让岛屿'的吗？还说：'英国政府决定用武力作为这些要求的后盾。'这不是很清楚了吗？"

　　伊里布说："不是的。英方现在只是提出了一些要求，要求我国接受他们的条约草案。我看，我们只要接受他们的条约草案，就不会发生什么战争的。"

　　裕谦说："依臣之见，我们两江一带，还是应该加强海防。"

　　伊里布说："话是可以这么说，但说起来容易，做起来就难了。人家英国，船坚炮利，就我们现在的军事力量，能抵挡得住吗？"

　　裕谦说："英国军队确实船坚炮利，在武器和海战方面，远比我们中国为优。然而，我们也不能太低估我们的力量。现在，英军远离他们的本土，不如我们在本土作战。我们应该采取以守为战、以战助守的战略，就能够抵抗得住的。"

伊里布说："我还是那句老话：对待英国人'不能操之过急'！这个事，如果我还是两江总督的话，就这么定了：不要'操之过急'！"

因为两江总督伊里布没有采纳巡抚裕谦的海防建议，索性也没有做过什么备战，而且私与英军通款，所以，1840年7月，英国侵略军第一次攻占我国领土——浙江省定海。占领定海后，紧接着，英军便分兵直逼天津白河口，威胁北京。

穆彰阿和琦善匆忙奔进后宫把英军已到天津的消息报告道光皇帝。

"什么！这么快！"

原先支持禁烟的道光帝此时吓出了一身冷汗。

他目瞪口呆，顿时瘫痪在椅子上，半晌说不出一句话来。

穆彰阿见时机已到，便趁机挑唆道光皇帝，说："禀报皇上：洋人此次北上，皆因林则徐办事不善，以致使洋人负冤含恨而来。所以，只要惩处了林则徐，再补偿给洋人一些烟款，就可以息兵和谈。"

道光帝虽然主张禁烟，但又害怕战争，听了穆彰阿一番话，便决定撤林则徐的职，改派由穆彰阿推荐的琦善为钦差大臣，赴广东与洋人议和。

琦善来到广东。他宣读圣旨："今年沿海各省纷纷出兵，费饷劳师，皆因林则徐办理不善所致，所以要对林则徐严加议处。"

关天培不服，质问琦善："请问中堂，鸦片是林大帅禁的，烟土是在虎门烧的，洋人为什么不打虎门找林大帅算账，反倒闯天津呢？"

琦善狡辩道："你是和什么人说话？这都是皇上的圣

鸦片战争文物——威远炮台

旨！"

林则徐说："则徐罪有应得，不敢诿过于人，请中堂大人启奏圣上，说我林则徐愿赴浙江，戴罪立功，若是不能收复定海，我死而无怨！"

琦善说："这可以，我愿代奏。"

道光帝收到林则徐准许他"戴罪"前赴浙江随营效力夺回定海的奏章，怒道："一派胡言！无理取闹！"

这时，懿律病退，义律暂时代理英方全权代表。

英船上，义律神色傲慢地对伍绍荣说："要我们不进广州城，可以，第一，把林则徐修好的那些炮台公事，全都拆掉。第二，把林则徐办的那些民兵水勇，全都解散。"

伍绍荣一一答应下来。

琦善为了讨好英军，立即下令撤除海防，裁减兵船，并解散了林则徐招募的渔民水勇，拆掉了炮台。

听着炮台被爆破的爆炸声和四乡捕捉民兵的枪声，林则徐、关天培无限悲愤。

毁完炮台，有人报告琦善："大人，炮台已经拆了，水勇也都打发走了。"

琦善只是说："好好，明天就出榜安民！"便余兴未尽，头也不回，一心在给时钟上发条。

琦善满以为英军很快就会撤兵。谁知一心要侵略中国的英军见广州海防一削弱，突然向虎门炮台发起了猛烈的进攻。老将关天培率领500名清军，对英军英勇抗击了数日，终于因琦善迟迟不发援兵而全军阵亡，虎门炮台便陷入了敌手。

琦善见虎门陷落，急忙向英军求和，擅自派人到穿鼻洋英国兵舰上，与义律签订了《穿鼻草约》。草约中正式规定了割让香港给英国，还赔款600万两白银。

琦善诬陷林则徐的消息传来，裕谦简直气炸了肺，他怒气冲冲地在书房里走来走去，像一头发了怒的狮子。突然，他大叫一声："来人哪，给我准备纸墨！"

这时，他的贴身侍卫进来，小心翼翼地为他备纸研

裕谦像

墨，低声问裕谦道："大人，您要纸墨干什么？"

裕谦愤愤地说："我要给皇上写奏折，状告琦善这个卖国求荣的狗奴才！"

侍卫急忙说："大人息怒，这可使不得，琦善现在是皇上的红人儿，您可千万不要招惹他，要不然，既会得罪琦善，又会惹皇上不高兴。"

裕谦说道："怕什么？难道他投降卖国就不能说吗？他贪生怕死，胡作非为，出卖祖宗基业，毁我大清江山，是可忍，孰不可忍！大不了丢了乌纱帽，回家种田罢了，死又何惧，更何况是乌纱帽了！"

侍卫还要劝他，只见裕谦挥挥手说："你出去吧，我

鸦片战争文物——克虏伯炮

主意已定，决不能改。"侍卫见此，只好悄悄地走了。

裕谦奋笔疾书，历数了琦善的几大罪状：夸张敌人势力来要挟朝廷；只知道向敌人赔礼认错，而毫不鼓励防御制敌；拆除防御工事，将责任推给前任林则徐。他要求将琦善撤职查办，否则后果将不堪设想。后来，琦善与英国侵略者签订了丧权辱国的《穿鼻草约》，既割地又赔款，道光皇帝认为丢尽了朝廷的脸，再加上裕谦等大臣的反对，遂将琦善革职查办，而两江总督伊里布因与琦善狼狈为奸，投降卖国，亦被查处。

裕谦升为两江总督，掌理江苏、浙江和安徽三省之盐、漕、河三大政务。

两江总督是地方最高长官，太平天国运动之前多由满人担任，之后汉人渐多。从康熙四年（1665年）到宣统三年（1911年），有影响的计80余人，98任，历经247年。历代两江总督如于成龙、张鹏翮、史贻直、尹继善、陶澍、林则徐、裕谦、曾国藩、左宗棠、李鸿章、刘坤一等皆为清代重臣。

两江总督的正式官衔为督办两江（即江南省和江西省）地方提督军务、粮饷、操江、统辖南河事务，是清朝九位最高级的封疆大臣之一。

清顺治二年（1645年），于明南直隶辖地设立江南省，省府位于江宁（今南京）。

康熙六年（1667年），拆江南省为江苏、安徽两省。江南省（今江苏、安徽两省及上海市）和江西省，是清王朝的财赋重地，也是人文荟萃之区。

两江总督前身为顺治四年所设置的江南、江西、河南三省总督，总督府驻江宁。顺治九年，总督府一度迁往南昌，改名江西总督，不过很快恢复旧制。

顺治十八年和康熙十三年，江南、江西两度分置总督，不过在康熙四年和二十一年两省同归两江总督管辖。康熙元年，操江事务划归江南总督管理。康熙二十一年仍合，正式定名为两江总督。雍正元年，授予历任两江总督兵部尚书兼都察院右都御史之官衔。道光十一年起，两江总督兼管两淮盐政。咸丰时期，太平天国占领江宁，两江总督府先后在扬州、常州、上海、苏州、安庆等地驻节。自同治五年起，两江总督兼管五口通商事务，授为南洋通商大臣。

两江总督署展览馆位于南京城正中，明汉王府旧址。展览共分"总督花厅""督署大堂""督署寻踪""近代名督"四个部分，以史料和实物展示、场景复原的手法，叙述了清代官衙的演变，介绍了一代名督如林则徐、左宗棠、曾国藩、李鸿章、张之洞、刘坤一、沈葆桢等人的事迹。将历史的笔触聚焦清政府的封疆大吏，在国内的展览中尚属首次。

　　裕谦擢升两江总督以后，第一项工作就是要收复定海。于是他奏请道光帝添铸火炮，建造炮台，加强江苏沿海的防御能力。

　　道光帝命裕谦代替伊里布为钦差大臣、两江总督，到浙江前线督战。

　　鸦片战争发生以后，英国的鸦片毒品进入我国，更为合法化了。鸦片战争前40年英国向我国走私鸦片烟四十余万箱。

　　裕谦分析了国内外形势。他对官兵们说："当前，欧美的一些主要国家都已发展成为日益强盛的资本主义国

鸦片战争文物——抗英功劳炮

家。特别是英国，已成为世界上第一个资本主义强国。我们必须面对这个现实！古代兵法家孙子说得好：'知彼知己，百战不殆。'英国资本主义的发展，从16世纪就已开始。17世纪中叶英国的资产阶级革命，推翻了旧的制度，确立了资产阶级的君主立宪政体，为英国资本主义的进一步发展扫清了道路。从18世纪中叶到现在，英国资本主义从工场手工业阶段过渡到大机器生产阶段，完成了产业革命。法国和美国等其他国家也从19世纪初开始了产业革命。我们要与外国军队打仗，必须清楚地了解这些情况。我们是在和这样一些强国打仗呀！"

裕谦任钦差大臣之后，聘请魏源到镇海做自己的幕僚。

禁毒销烟文物——鸦片烟盒

裕谦说："魏源啊，你是学问大家，你来谈谈，我们对付英夷有什么新招？"

魏源说："依我看，抵制外国的侵略，首先要学外国的技术。不善师外夷者，外夷制之。也就是说，不善于学习外国的技术，就必受制于外国。我们要尽得西洋之长技为中国之长技。"

裕谦说："说得具体一点儿，我们要学习西洋的什么长技呢？"

魏源说："比方说，西洋的量天尺、千里镜、龙尾车、风锯、水锯、火轮机、火轮舟、自来水、自转碓、千斤秤之属，凡有益民用者，都应该学过来，成为中国自己的东西。"

裕谦说："这确实是一个办法。"

魏源说："官府和商民还可以办工厂，兴办军用和民用的近代工业，延聘外国的技师、技工来中国制造船舶器械。中国人凡能造西洋战舰、火轮舟，造飞炮、火箭、水雷奇器者，应该授给'科甲'功名，并任他们传习技艺。更为重要的是，学习西方国家养兵练兵之法，用新式武器装备我们的军队。"

裕谦说："哎呀，还是我们的魏源，不愧是大学问家呀。看来，最近你对西洋很有研究。"

魏源说："中国人论智慧、论才干，都不差，曾有许多重要的发明创造。只要发愤努力，学习外国先进的技术，就必定会风气日开，智慧日出，方见东海之民，犹西海之民！"

收复定海

　　裕谦到浙江镇海军营参赞军务后，立即提出收复定海的计划。

　　1841年2月16日，裕谦在上奏道光皇帝之《急宜乘时收复定海折》中，极为详细地陈述收复定海的重大意义和具体措施。

　　道光帝看到裕谦收复定海的奏折，心里为之一振，立即下谕传裕谦进京。

　　道光帝说："裕谦，你给我详细讲讲收复定海的计划。"

　　裕谦说："臣到浙江后窃查，定海踞七省洋面适中腹地，为江、浙两省门户，逆夷盘踞不退，则七省不得戒严，而江、浙两省尤不得安枕。"

　　道光说："你有什么措施吗？"

　　裕谦说："现在，英军大号兵船正在广东与官兵相持，其定海防守尚弛之时，应采取'出其不意'，及时攻取定海。"

道光说："好。现在盘踞定海的英军实力怎样？"

裕谦说："臣得知，现在定海英船只有二十余只，城内居住英兵亦不过千余人。况且其头目皆分居总兵、知州衙门及城隍庙、祖印寺，还有沈姓民房等处，可以聚而歼之。"

道光说："你对我定海实力有把握吗？"

裕谦说："现在镇海已存兵精锐数千，标兵数千。如能调度得宜，尝罚必信，并备游兵相机策应，必可一举克服。另外，我还想调遣镇江之千余名八旗蒙古骑兵，从北部之岑港进攻。"

道光说："骑兵在海上作战，能行吗？"

裕谦说："他们现在早已习惯于海上作战了，更关键的是蒙古兵作战勇敢。"

道光说："收复定海是一个关键性的战役。如果我们歼灭英军，收复了定海，这对英军是一个致命性的打击，所以我们千万要慎重。有备则无患，要做好一切准备工作！你认为作战的时间怎么安排？"

裕谦说："古人用兵之道，全在出其不意，攻其不备，兵贵神速，不可坐失时机。时机，愈早则愈易，愈迟则愈难。旷日持久，劳师糜饷，百姓何日得安？依我

之见，立即攻取定海！"

1841年2月27日，道光帝采纳了裕谦收复定海的奏折。

钦差大臣裕谦对镇江八旗蒙古兵副督统海龄说："你们要连夜乘船赴定海，在岑港待命。我们镇海军，于本月30日凌晨向定海开战。你们听到我们的炮声之后，从敌人的腹部向定海进攻。"

副督统海龄很兴奋地说："好的。我们坚决服从钦差大人的安排！"

"还有，你立即从大陆派探马到镇海，给总兵葛云飞传令，叫他们做好作战准备！"

"遵命！"海龄道。

鸦片战争文物——后捕鱼台炮口外观

招募水勇

裕谦自上海行营驰抵镇海军营。

裕谦到任后，开始招募当地民众，组织练勇。

1841年2月，英国侵略者因为疾病流行，大量死亡，再加上要集中兵力攻打广州，所以放弃了定海。裕谦到任后，抓紧修筑定海防御工事。定海作为浙江的门户和屏障，自古便是兵家必争之地，英国侵略者居心叵测，行动诡秘，随时都可能卷土重来，所以必须尽快建好防御工事。裕谦不分昼夜，辛劳地奔波着，每天都往来于定海和镇海等地。他看到浙江百姓备战的热情非常高，便决定在百姓中招募一些有特技的人为水勇，对他们进行训练，来补充正规兵力的不足。

一天，在钦差大人的府邸墙外，一大群百姓争看着一份告示，不识字的人急忙找识字的人给念念。这时，一个文质彬彬的年轻人走过来，对这群人大声说："这是

钦差大人的招兵告示，我来给大家念念。"

说完，便开始念了起来。老百姓静静地听着，只听那个年轻人读着："第一，臂力强劲，能举几百斤重东西的。第二，能拉弓射箭，箭不虚发的。第三，能放枪炮，打得又准又远的。第四，能灵巧地使用大刀长矛等兵器的。第五，能翻墙跃沟，飞檐走壁的。第六，精通拳术棍棒的。第七，能熟识海洋风云沙线，善于驾船出入海洋的。第八，善泅水的。"年轻人读到这里，大声说道："这些洋鬼子可把我们老百姓害惨了，钦差大人给了我们一个杀鬼子报仇的机会，我们快去报名啊！"

群众议论纷纷，年轻小伙子们个个摩拳擦掌，跃跃欲试。

报名的日子到了，报名仪式在钦差府邸门前的空地上举行。空地上摆着一块大石头和各式各样的兵器，像个大练武场。在北边靠府邸大门处搭了一个临时大棚，摆着一个用红布盖着的长条桌子，裕谦身着官服，威严庄重地坐在中间，其他官员两边坐着，后面站着一排手拿兵器的衙役护卫着。台下人山人海，黑压压的一片，有的是母亲送儿子来的，有的是妻子送丈夫，有的是姑娘送情郎，也有的是小伙子们搭伴来的，几乎是倾城而出。这天天气特别热，烈日当头，没有一丝云彩，也没有一丝风，人群拥挤着，个个汗流满面，大家都在焦急地等待着。

随着"轰、轰"两声礼炮响，招募水勇的仪式开始了，只见裕谦慢慢地站了起来，用那双炯炯有神的大眼睛看着老百姓，慷慨激昂地说："乡亲们，洋鬼子打到了我们的家门口，他们欠了我们浙江老百姓一笔血债，他们杀了我们的父老乡亲，奸淫了我们的妻女姐妹，烧毁了我们的家园，挖开了我们祖先的坟墓，让我们的先人在九泉之下也不得安宁。他们杀烧抢掠，无恶不作，害得我们家破人亡。现在，洋鬼子虽然离开了定海，但随时都可能卷土重来。父老乡亲们，我们要武装起来，我们要报仇，我们要讨回血债！"

老百姓群情激愤，齐声高呼着："我们要报仇！我们

鸦片战争文物——后捕鱼台阿姆斯特朗炮座及炮轨

要讨回血债!"

　　裕谦接着说道:"父老乡亲们,从今以后,无论是在海上、在陆上,也无论遇到洋鬼子的军船还是商船,对洋鬼子一律格杀勿论!有功者,都可以到我那里领赏。现在,我要把我们的年轻人组织起来,进行集中训练,来更有效地杀敌,保卫家园,大家说好不好啊?"

　　群众高呼着:"好!"

　　招募开始了,考试分成几组,有的考举大石头,一百多斤的大石头要用双手举起几分钟,便合格,然后到主考官那里写好自己的姓名,主考官发给一块铁腰牌,上写"水勇"二字,便成为正式的水勇了。各考场热闹非凡,小伙子们使出全身的本领,都想成为水勇。有些因年龄太小或身体不好而未被录用的小伙子,满脸沮丧,有的甚至痛哭流涕。招募一直进行到晚上,招募了一千多名水勇,裕谦对他们进行了严格训练,使他们成为一支打洋鬼子的生力军。

　　1841年2月30日,裕谦搜捕、严惩了英国侵略军在上年攻陷定海后留下的千余人,又从义律领导的英国侵略军手里收复了定海。

　　道光帝下旨拿问琦善之后,又派御前大臣奕山到广州主持战事。奕山是个酒囊饭袋,过惯了花天酒地的生活,这次赴广州,依然是金银满箱,妻妾成群。

奕山刚到广州，道光帝催促他立即出兵剿灭英夷的圣旨也接踵而来。奕山生怕落个延误圣旨的罪名，遂令各路人马立即分头出击。

众将不敢违抗军令，只好被迫仓促作战。由于毫无准备，奕山又指挥不当，各路出击的人马纷纷败下阵来。

奕山接到各路失利的消息，吓得心惊肉跳。这时，哨探又来禀报，说："天字炮台、泥城炮台、四方炮台，先后陷于敌手。"

广东巡抚怡良闻讯赶来，焦急地对奕山说："大帅，这三座炮台全在广州西北高处，英夷占领后，可居高临

鸦片战争文物——海防炮近景

下轰击广州。请大人立刻派人去把这三座炮台夺回来，否则广州就难保了！"

当怡良提议让镇守广州的两万清兵出战，去夺回炮台时，失魂落魄的奕山竟说："我身边就这两万军，万万不能动一兵一卒，否则洋人打来，谁保我的安全呢？"

怡良听到这话，心里顿时凉了半截，不由仰天长叹了一声，回家的路上自语道："这奕山和琦善是一路货色，这回广州要断送在奕山手里了。"

英军占领西北三座炮台后，果然依仗居高临下之势，向广州城内猛烈开炮。城内火光冲天，清兵和百姓惊慌四逃。

奕山在署衙内听到炮声，更是吓得三魂出窍，体似筛糠，竟说不出一句完整的话来。怡良见这位堂堂的靖逆将军竟吓成这副模样，而朝廷竟派这样的人统率大军，真是失望万分。

裕谦收复定海之后，道光帝便启用裕谦主持浙江军务。

两江总督兼驻浙江钦差大臣的裕谦首先加强浙江、上海、江苏等整个沿海地区的防御力量，并奏准改定海为直隶厅，增调寿春镇总兵王锡朋、处州镇总兵郑国鸿，协助定海镇总兵葛云飞，共同防守定海。

裕谦星夜渡海，赴定海，会同葛云飞、王锡朋、郑国鸿等三总兵，查阅海防，采取以工代赈的办法招募回籍难民，积极加强浙江沿海，特别是加强定海和镇海的防御力量。他对葛云飞等人说："一、你们要马上修复定海土城；二、选择地势，安设炮台；三、抚恤难民，安居乐业；四、招募技勇，以备抵抗。"

裕谦在筹设海防中，深谋远虑，胸怀江、浙整个防务全局，坚持"以御为剿，以守为攻"的战略方针，他还提出防守定海的16条重要措施。

裕谦令著名的抗英将领葛云飞等三位总兵率兵坚守定海，并召集部下将士宣誓："如英军来侵，至死不得后退一步！"

裕谦在筹设定海防务的同时，也十分关心镇海的设防。他到镇海对魏源说："江苏、浙江两省，同为天下精华之地，最为紧要。镇海地方，实为浙东门户，一定要精心备战。"

裕谦又会同浙江抚臣刘韵珂、提臣余步云说："我们对镇海城北、逼近海洋、该处城垛和招宝山威远城后面的单薄地方，堆积沙袋，并购长大木桩，扦钉填石，从而加固防御。在金鸡山埂上筑堡安炮，要加强必要的防御工事。"

在上海地方，裕谦对官兵们说："我们现在共有调防外营官兵1 100名，提标本营兵700余名，小炮32尊，抬炮100杆，乡勇200名，配船20只，渔船4只，团练水勇100名，共计2 100余名，均归徐州镇总兵王志元统带。你们要无事则弹压操巡，有警则随机防剿，并为宝山之援应。"

裕谦对江苏海口方面也做了相应部署。他亲自到吴淞口，对提督陈化成说："我们要以宝山县之吴淞口为第一吃紧处，首先在宝山安兵外设炮。"

经过陈化成布防，他向裕谦报告说："据统计，宝山县共有调防营兵2 950名，又有吴淞本营兵1 000余名，乡勇300余名。火攻船40只，大小炮240余尊，抬炮248杆，军威雄壮。"

火药埕

陶质。通高38.2厘米，口径10厘米，底径11.7厘米。瓮形，敛口，唇外翻肩部有四系耳，溜肩，鼓腹，腹下内收。通身施黑色釉，外壁底部约有3厘米未施釉。肩部正反面有扇形素面，上书"禅山药局"，"净廿五斤"黑釉字。火药埕用于储存火药，可以防潮。现藏鸦片战争博物馆。

在两江总督裕谦指挥下，提督陈化成积极在吴淞口设防。吴淞口位于黄浦江和长江汇合处，是长江防御的第一道屏障。陈化成在东西炮台的要害地带列帐扎营，并根据当地地形，疏浚顺通河，用挖出之土修筑土城，加高海塘，在吴淞到宝山一线沿塘修筑土堡26处，设置战炮130余门，加强了防御能力。针对江南水师训练松弛的弊端，陈化成把从福建带来的亲兵分散到各个营队，严格加以训练，提高了部队的战斗力。

陈化成本人处处以身作则，坚持与士卒同甘苦。有人送来了酒菜，他说："我的部下众多，他们都没有享受，我怎么能独自享受呢？"

有人要为陈化成准备馆舍，陈化成说："士兵都露宿炮台，我怎能独自安居？"

陈化成不避寒暑，始终住宿在炮台旁的帐篷里，枕戈待旦。一天秋夜，飓风大作，暴雨倾注，潮水溢过塘面涌进军帐，部下劝陈化成移帐于高地。

陈化成说："大帐一移，三军惊扰，况且我移就高处，而士兵仍处于低洼之地，我于心何安？"

两江总督的裕谦担心陈化成年事已高，从宝山派人飞骑前往探望，只见陈化成仍从容地坐在帐中处理军务。到了冬天，大雪飞舞，寒风刺骨，冻得他彻夜难眠，可一清早他又驾着小船，踏着积雪，往来军营巡查。见到

士兵衣着单薄，陈化成马上下令赶制棉衣，发放给士兵。由于陈化成处处体恤士卒，士卒皆称他"陈老佛"。由于陈化成治军严明，英勇善战，人们又称他"陈老虎"。

钦差大臣裕谦在筹设江、浙海防过程中，身体力行，亲临阵地，逐一查看。他又到定海视察海防工作进展情况。

镇远城东南已修建镇远城，立足于在陆上抗击来犯英军。

这一日，葛云飞汇报说："现在定海驻军达5 600名，大小新旧炮70尊，火药、铁弹数万斤。现在，各省积极支援定海的军备也极为周全。河南省又送来打造抬炮500杆，长直白蜡竿3 000根。基本上做到了'军械必应宽为储备'的要求。"

裕谦为了激励军民的抗英斗志，下令将英军占据定海期间通敌的汉奸斩首示众，将埋有数百名英军的坟墓掘开，尸体抛入大海，将捕获的英军俘虏凌迟处死，剥皮抽筋。

再说英军团团围住了广州城，由于吃食供应困难，便四下里烧杀抢掠，无恶不作。

英国侵略军的无数暴行激起了广州郊区百姓的愤怒，三元里人民首先组织起"平英团"，用大刀、长矛到处袭击英军，打得英军丢盔卸甲，狼狈不堪。

英军只好向奕山施加压力，扬言扫平广州城。奕山吓得魂飞魄散，连忙竖起了白旗。接着，清廷与英国签订了《广州和约》，赔偿了英国600万两白银。

一天，魏源向裕谦请求："我乃一书生，虽然到现在还没有考中进士，但仍决心难移。所以，我请求钦差大臣，让我去镇江吧。我到镇江，一来准备会试，二来也写一些文章。"

裕谦很痛快地答应了魏源的请求。于是，魏源于4月离开镇海，到达镇江。

鸦片战争文物——功劳炮

智除汉奸

一天，在镇海的海滨走过来一支非常奇怪的队伍，一队兵丁在前边敲着铜锣开道，中间有三个兵丁手举着三根大竹竿，竹竿上挑着三个血淋淋的人头，每个人头上都贴着一个大白条幅，第一个人头上写着"汉奸布定邦"，第二个写着"汉奸虞帼珍"，第三个写着"汉奸郁秀钦"，队伍的后边跟着长长的老百姓队伍。

前边的兵丁一边敲锣，一边大声喊着："快来看呀，这就是当汉奸的下场！"

路边成群结队看热闹的老百姓指点着，唾骂着："活该，谁要他们吃里扒外，给洋鬼子卖命了！裕大人真行，给咱老百姓除了大害，给咱们出了口恶气！"

原来，裕谦到任后，发现经常有洋鬼子的船在沿海活动，想突袭他们，可每次都扑空。裕谦很奇怪，难道真的是凑巧，还是另有原因？另外，洋鬼子的船长时间在海上漂泊，他们的食物和淡水从何而来呢？

通过细密调查得知，有一些人为了从英国鬼子那里获得暴利或鸦片，置民族与国家利益于不顾，甘心做汉奸、走狗，为洋鬼子通风报信，向洋鬼子供应食品和淡水，做洋鬼子的内线。

要想有效地打击侵略者，就必须先捉住汉奸，使洋鬼子耳聋眼瞎，无信可知，给他们断绝食品和淡水供应，没有依靠。经过分析，知道这些汉奸也不都是铁杆儿汉奸，有的是被洋人所逼而为洋人做事，有的是为了生活而向洋人出卖食品，只有个别人是铁杆儿汉奸，不知羞耻，甘心做洋人的奴才。

针对这种情况，裕谦对汉奸们进行说服教育，分化瓦解，并且在钦差府邸的墙上贴出一张告示，上面写着："汉奸本来也是好百姓，并不是天生成的，不过为着吃穿，一时糊涂，上了洋人的当，弄得杀头抄家，爷娘、老婆、弟兄、儿子都要问罪，想想看，做得做不得？本官是最仁慈的，心上亦觉得可怜，所以奏明了皇上，只要这班汉奸自己晓得错了，杀了洋人，到本大臣军营报功，就同好百姓一样，赏他银洋，还可做官。就是不杀洋人，自己后悔了，逃了回来，老实说明，下回再不做了，本官也就不杀他了。倘不肯杀洋人，也不回来，这是他自寻死路。本官说一是一，说二是二，从不骗人，

你们趁早想一想，不要错了念头。特示。"

告示贴出后，一些汉奸来到官府自首，表示要痛改前非，可仍有一些汉奸贼心不死，死心塌地做汉奸，裕谦决定发动群众揭发，严惩几个，以儆效尤。

一天早晨，天刚亮，一阵急促的敲门声把裕谦惊醒，一个家丁急急忙忙跑进来，报告说："大人，定海的老百姓抓住了大汉奸杨阿三。"

裕谦一听，说道："太好了，快，备轿，准备升堂。"

裕谦急忙穿好官服，坐轿来到官府的大堂。只见大堂门外，十多个群众牵着用绳子五花大绑的一个人，众人一见裕谦，忙说："钦差大人，罪大恶极的汉奸杨阿三被我们抓住了。"

鸦片战争博物馆禁毒展厅一角

裕谦坐在正堂之上，大喝一声："把汉奸杨阿三带上来！"

众衙役把哆哆嗦嗦的杨阿三带到堂前，杨阿三已吓得脸如死灰，裕谦大声说道："杨阿三，你老实交代，你都做了哪些坏事？"

杨阿三一面叩头，一面抵赖说："大人明鉴，小的实在没做什么坏事啊！"

这时，一个黑大汉"扑通"一声跪在堂前，高声说道："大人替小民做主伸冤啊！这个狗汉奸在上次洋鬼子占我定海时，他领一伙洋鬼子闯进我家，糟蹋了我媳妇儿，杀死了我老娘，还把我家唯一的一头水牛也给牵走了，大人千万不能饶恕这狗汉奸啊！"

众百姓也一齐高喊："大人，杀了这个狗汉奸，替我们老百姓报仇啊！"

裕谦一看此人罪恶深重，民愤极大，决定杀一儆百，遂大声喊道："来人啊，把杨阿三给我拖出去斩了，取下首级挂到定海城头，为死去的老百姓祭奠，让那些汉奸看看，并将杨阿三所有家财入官，家属全部问罪流放！"

杨阿三吓得瘫成一堆泥，嘴里还喊着："大人饶命啊！大人饶命啊！"

可是已经晚了，只听"咔嚓"一声，这个罪孽深重的灵魂下了地狱。

人们将杨阿三的人头挂在城上，城里老百姓议论着：这就是做汉奸的下场啊！

杨阿三被处决了，可是还有一个名叫布定邦的汉奸没有抓到，这个汉奸在洋鬼子占领定海时，领着洋鬼子到处烧杀抢掠，无恶不作，老百姓对他恨之入骨，恨不得食其肉，寝其皮。洋鬼子退出定海后，他怕群众杀他，便躲到洋鬼子的船上去了。听说最近他又在海边露面，替洋鬼子上岸采购食品等东西。裕谦决定设计将布定邦抓捕归案。

一天，裕谦叫两名武艺高强的衙役装扮成老百姓，并带上一个认识布定邦的老百姓跟着，驾着小船在海边叫卖蔬菜和鸡鸭鱼肉等食品，侦查布定邦的情况，乘机将他抓住。

禁毒销烟文物——铜烟灯（玻璃罩）

说来凑巧，他们刚来到海边不久，就见有一只小船摇摇晃晃地向海边驶来，小船靠岸了，从船上走出一个又细又高、有点儿驼背的男人来，一双贼溜溜的眼睛四处看着。他鬼头鬼脑地来到衙役的船边，一边看着船上的菜，一边看着卖菜的人。那个卖菜的老百姓一看是布定邦，急忙给两个衙役使了个眼色，便满脸堆笑地说："老哥是你呀！你不认识我了？我前两天在这儿卖肉，你还买了不少呢，今天买点儿什么？今天的菜又新鲜又便宜，买点儿吧。"

布定邦看看这位老乡，从前就有点儿认识，也在他那儿买过菜，也就放心了，便说："老兄，我今天想多买点儿菜，你快点儿给我称，我还有事要赶路呢。"

那个老乡便高喊："好嘞，伙计，快给这位老哥称菜。"那两个衙役一边低头称菜，一边慢慢向布定邦靠近，就在往布定邦筐里倒菜的一瞬间，一个鱼跃，将布定邦按倒在地，用绳子牢牢捆住，送回官衙。

就在追捕布定邦期间，在百姓的支持下，又抓住了为洋鬼子打听消息的汉奸虞帼珍、替洋鬼子写告示的汉奸郁秀钦，对这些屡教不改的汉奸，裕谦决定将他们斩首示众，让衙役举着他们的头在海边走一趟，让大家看看。此后，老百姓中再也没有人敢做汉奸了。

再说广州，奕山为了掩盖自己的无能，在给道光皇帝的奏折中，竟然恣意编造谎言，将平英团的战绩算在自己名下，说自己大败英军，迫使英夷求和。道光看了奏折，十分欢喜，传谕要嘉奖奕山。

朝廷中，只有大臣王鼎一人对奕山的奏折存有疑虑。

这时，恰巧奕山手下一位幕僚气愤不过，来到北京，将广州发生的事实真相告诉了王鼎。王鼎听了，气得几乎晕过去。

王鼎气怒之下，立即拟了一道奏折，面见道光帝，痛哭流涕地递了上去，并说："老臣奏请皇上立即惩办奕山，另派大员讨伐英夷，以挽救危局。"

道光帝听了王鼎所奏，便召来穆彰阿询问。穆彰阿竭力为奕山辩护，说："王鼎在京，不明真相，不一定属实。可令钦差大臣程裔采就近调查。待查实后，再行处理，较为稳妥。"

道光帝觉得有道理，遂下一道圣旨，命程裔采调查，

鸦片战争文物——12 850千克重的铁炮

据实奏复。

与穆彰阿同为军机大臣的王鼎因不满穆彰阿排挤林则徐、保护琦善和奕山之流的作为，每次见到他便大声痛骂。然而，老奸巨猾的穆彰阿却笑而避之。今天，王鼎又当着道光帝的面斥责穆彰阿："你是秦桧！你是严嵩！"穆彰阿仍不做任何声辩。王鼎对道光帝苦苦进谏："请皇上快快把这个奸臣罢官了吧！"

道光帝只是一笑了之。

道光帝哪里知道，这程裔采和穆彰阿、奕山是一伙的，都是"穆党"。当晚，穆彰阿回府后就立即给程裔采写了一封密信，要他设法替奕山掩盖。

程裔采接到穆彰阿的密信，便在复奏的折子里，将奕山的奏折内容，重复了一遍呈给道光帝。一场偌大的丧权辱国案，就这样蒙混了过去。

穆彰阿保全了奕山，又进一步在道光帝面前重谈所谓林则徐"启衅误国"的老调，加罪于林则徐。道光帝便下了一道谕旨，将林则徐遣往新疆伊犁。

王鼎闻讯后，犹如火上浇油，便不顾一切闯进了穆彰阿家。穆府家人见他怒不可遏，哪里敢挡，由他径直闯进书房。穆彰阿半躺在卧榻上，爱搭不理。王鼎见状，破口大骂："祸国殃民，欺君弄权，陷害忠良！"

王鼎将穆彰阿痛骂了一顿，回到家里，依旧忧心如

焚。他想起古人尸谏的故事，自语道："如能使皇上识别忠奸，除去奸佞之徒，我死了也值得。"

于是，王鼎研墨铺纸，提笔写了一道遗折，然后悬梁自尽了。

穆彰阿听到消息，十分心虚，知道王鼎之死，必与自己有关，便连忙把心腹郎中冯云请来，让他去探听王鼎的死因，以及王鼎家属有何举动。

冯云备了祭奠厚礼和巨额银元，来到王宅，见灵堂上供有灵牌，王鼎的尸体尚悬在梁上，其子王伉身穿重孝，跪在一旁陪祭。

王伉为人憨厚，见冯云如此关怀，就将他让入书房，并把真实情况一一告诉了冯云，随后又将遗折取了出来。

冯云接过一看，遗折中历数穆彰阿欺君误国的可斩罪行达十条之多，不禁毛骨悚然，便摇舌鼓唇劝说王伉："万不可将这道遗折让穆彰阿知道，否则定会招来杀身之祸呀。"

王伉本来老实怕事，听冯云这一说，立时没了主意。于是，冯云即伏案替他改写了一道遗折，把王鼎自缢身死，说成是痰紧昏厥而亡，把弹劾穆彰阿可斩的十大罪状，改为颂扬之语。

冯云替王伉重写了遗折，又将王鼎那道遗折骗到自己手里，这才喜笑颜开地离开了王宅，驱车回穆彰阿府报功去了。

　　穆彰阿为了掩盖真相，对王鼎的恤典十分出力，葬礼办得格外隆重，祭奠丧葬均由自己率领着朝中文武大臣参加。至此，王鼎之死也就不了了之。

鸦片战争博物馆

　　地处虎门镇大人山下，背山面海。这里是当年林则徐销毁鸦片的地方，现存有销毁鸦片烟池遗址。入馆门，沿中轴线有抗英群雕塑像、虎门销毁鸦片纪念碑和常年陈列林则徐虎门销烟与鸦片战争史实的陈列楼。这里环境优美，是具有影响的旅游景区。

一代精英

英国政府接到《穿鼻草约》的报告以后，还认为得到的好处太少，不批准这个条约，并且撤掉了义律的职务，改派璞鼎查做侵华的全权代表。同时，增派兵船2艘，侵略军3 500人，扩大侵略战争。

林则徐突然接到道光皇帝"赏给四品卿衔，迅即驰驿赴浙江省，听候谕旨"的命令。于是，林则徐离开了广州，奔赴浙江的抗英前线。

林则徐曾经请求过道光帝，准许他"戴罪"前赴浙江，随营效力。现在这个请求实现了。

他到浙江后，协同钦差大臣裕谦办理镇海军营事务。老友裕谦对林则徐说："现在由则徐兄来协助我的事业，这镇海军事防御事务，大有希望了。"

林则徐急忙说道："哪里，哪里。我是'戴罪'随营的人，这大政方针，还是由你钦差大臣来定。"

裕谦说:"不,不。在抗击英夷问题上,你比我有经验,还是互相协作嘛。你现在虽然被革职,但我在心里一直是支持你的。你看看这个——"

裕谦把上疏弹劾琦善的奏折给林则徐看。裕谦的上疏,时人读后莫不击节称快,林则徐见到这份奏章后,亲自誊录了一遍,并且在上面密密麻麻地做了圈点,连声说:"好!这个奏章写得太好啦。"

裕谦说:"今天我们到前线看看备战情况。"

林则徐说:"好哇,走!"

钦差大臣裕谦领着林则徐考察镇海一带备战情况。

林则徐说:"裕谦老弟的准备工作,做得还是蛮不错嘛。"

裕谦则说:"这样我还没有把握呢。和英国人打仗,没有一定的实力是不成的。"

林则徐向裕谦建议:"你是否将浙东防务的重点从定海转向内地,以固门户?"

"这……"裕谦犹豫了,没有采纳林则徐的建议。

林则徐在镇海效力不过一个多月,道光帝即下诏以莫须有的罪名,判处林则徐和邓廷桢就地发往新疆赎罪。

裕谦特别尊重林则徐,他奏请道光帝力荐启用将已被革职的林则徐继续留在浙江与提督余步云筹办浙东防务,协助抗英,但未获道光帝的批准。

　　裕谦设家宴为林则徐送行。

　　林则徐和夫人就座。

　　裕谦说:"孩子们也过来一起吃饭。"

　　于是,林则徐长子汝舟、三子聪彝、四子拱枢也来就座。

　　家丁余升上菜、斟酒。

　　裕谦说:"小弟首先为林大人和郑嫂敬三杯酒。"

　　酒过三巡。

　　裕谦坐下来说:"请嫂子吃菜!我记得,在北京的时候,经常到你们家吃饭,嫂子的手艺可好啦,我最愿意吃嫂子给我炖的土豆烧牛肉。"

　　林夫人笑着说:"那还不是你教我的?"

禁毒销烟文物——罂粟果

"对。我们家开始吃牛肉，就是跟你学的呀。"林则徐也回忆起来。

这时，余升又送来一道菜。

林则徐对余升说："今天余升也陪我喝酒吧。"

余升说："林大人还不知道？我什么时候喝过酒？"

"对，他从来不沾酒。"

余升走后，裕谦低声对林则徐说："他现在酒是不沾，可沾上了洋烟。"

"什么！"林则徐听后一振，"这可不好。我们禁烟快连命都不要了，可连家里人都禁不住？"

"就是这么回事啦。"裕谦说，"一个是我叔叔，吸毒而死的；一个是他，跟了我一辈子的家丁。"

林则徐坚决地说："这必须让他戒掉。"

裕谦说："我也正劝呢。"

"劝！必须劝！"林则徐再三强调。

余升又上菜。

林则徐说："余升啊，你不但跟随你这个现在的钦差大臣一辈子，你我也是老相识。今天，我作为裕谦的朋友也好，算你的老相识也罢，很郑重地劝你一句：你那个毛病必须改掉！这不光是你一个人的事，而且直接关系到你现在这个钦差大臣的声誉！钦差大臣禁烟、抗英，而家里人都吸毒，这给外界什么影响？"

林则徐有些激动。

"是！是！"余升跪地，满口答应。

"答应就好。请平身吧。"林则徐看着余升的态度，和气地说道。

余升退出后，裕谦有些醉意了，对林则徐说："来喝酒！今天哥俩喝他个一醉方休！"

"别，别。"林夫人急忙止住，"可不能这么喝。你们都有情绪，这样喝，马上就醉。醉了，则徐倒不要紧，可你现在还是钦差大臣啊！"

"钦差大臣怎么啦？这是在家里，钦差大臣连在家里喝酒的自由都没有？"

"可这里毕竟是官邸呀。"

禁毒销烟文物——烟灯

"嫂子说得对，这里是官邸，是大清国派来的大官员的官府。可是，嫂子，我现在是舍不得你们离开我，远走他乡啊……"裕谦哭了。

林夫人捂住嘴跑到外屋。

林则徐也擦着眼泪。

"林兄，你的妻子儿女

怎么安排?"裕谦问。

"我想先让他们暂居南京。"林则徐答道。

"这样也好,"裕谦说,"您看我这里,是前线。要不安顿在这里是最好的。现在连我的弱妻和小女儿也在北京。哎,'铁打的衙门,流水的官'。现在,别看我已经混到钦差大臣的任上,至今我都搞不清这官场的事。禁毒的人,抗英的人,反而成了罪人!说不定,哪一天我也走你的路,抗英了半天,变成罪状,发配到边陲。或者,就死在战场。"

"不对!"林则徐很严肃地说,"禁毒无罪!反侵略无罪!"

裕谦说:"对啊!禁毒无罪!反侵略无罪!为了反侵略取得伟大胜利,干杯!"

"干!"

林则徐和裕谦痛痛快快地干了一杯。

翌日,钦差大臣裕谦专门派一艘军舰亲自把林则徐一家送到镇江。

在镇江,林则徐和裕谦的老朋友龚自珍、魏源早已等候了。这是裕谦事先已安排好的。

林则徐见了龚自珍,老远就伸出手来与他握手,并说:"自珍啊,你也来迎我啦?你到浙江后,怎么连一封信都不给我写啦?"

　　龚自珍很尴尬，他只是说："一言难尽！一言难尽啊！"

　　"欢迎林大人！"魏源与林则徐寒暄。

　　"魏源！你好，你好！"魏源是林则徐任江苏巡抚时在江苏分别的，已经六年了，近日两位老友重见，又十分亲切。

　　林则徐、裕谦、龚自珍、魏源这四人，都是翰林出

海战博物馆

　　地处虎门镇大人山下，背山面海。这里是当年林则徐销毁鸦片的地方，现有林则徐销烟池旧址。馆区内设有抗英群雕像、林则徐雕像、虎门销毁鸦片纪念碑和反映林则徐与虎门硝烟的基本陈列。馆区环境优美，是进行爱国主义教育的重要基地。

身的、北京宣南诗社的老诗友。今天，实际上也是这四位老友的最后一次相会。

晚餐之后，他们到魏源家，谈了个通宵。

林则徐忽然说："陶澍呢？今天陶澍怎么没有到？"

龚自珍笑着说："你是不是在做梦？陶澍在三年以前不是已经上天了嘛。"

林则徐说："不。我刚刚好像见到他啦。"

裕谦说："不过，按理说，今天陶澍应该到。这样我们这些翰林院的人，都齐了。"

哲学家魏源还说他的哲理："留着点儿遗憾吧，世上哪有一件完整的事？"

龚自珍说："不过，我们四个人也很快就陆续死去，到时去见陶澍，我们在天上聚会吧。"

众人大笑。

林则徐拿出他在广州组织编译的《四洲志》草稿和各种外国资料，交给了魏源，他说："看起来，现在只有你能继续写这本书了。我把这些资料留给你，希望你继续收集和研究外国情况，编撰一本大型书籍，书名可以叫《海国图志》，给国人多介绍一些国外情况。"

魏源说："好，我写。对付这些英夷，就得多多了解他们的情况，学习他们的技术，用他们的技术对付他们，这叫'师夷之长技以制夷'。"

　　两天后，林则徐便离开了镇江，踏上了遣戍新疆的路途。裕谦回镇海，龚自珍到丹阳，没几日便暴死于江苏丹阳书院。

　　魏源则继续留在镇江写《海国图志》。本书征引中外古今近百种资料，系统地介绍了西方各国的地理、历史、政治状况和许多先进科学技术，如火轮船，地雷等新式武器的制造和使用。所记各国气候、物产、交通贸易、民情风俗、文化教育、中外关系、宗教、历法、科学技术等，都超过了前人。所以有人誉《海国图志》为国人谈世界史地之"开山"。因它不但详细记载外国情况，还首次从理论上肯定了研究世界史地的必要性。

　　《海国图志》的划时代意义，还在于给闭塞已久的中国人以全新的近代世界概念。明末清初，西洋传教士利玛窦等人来华，带来了世界知识的新东西，但是不被人们所重视。

　　鸦片战争爆发前，妄自尊大的清廷皇帝和显官达贵，竟不知英国在何方？为什么成为海上霸王？《海国图志》的刊出，打破了这种孤陋寡闻的状况，它向人们提供了80幅全新的世界各国地图，又以66卷的巨大篇幅，详述各国史地。这样，使当时的中国人通过《海国图志》这一望远镜，开眼看世界。既看到了西洋的"坚船利炮"，又看到了欧洲国家的商业、铁路交通、学校等情况，使中国人跨出了"国界"，认识近代世界的新鲜事物。

在百卷本的《海国图志》中，魏源不仅重视工商业，并由经济扩展到政治，由原来对西方"坚船利炮"等奇技的惊叹，发展到对西方近代资本主义民主政体的介绍。至此，魏源的"师夷"思想发展到了他那个时代的最高峰。就拿介绍美国民主政治来说吧，《海国图志》中，征引《地球图说》《地球备考》《外国史略》《瀛环志略》等书中的材料，详细地介绍了美国的民主政治，涉及美国的联邦制度、选举制度、议会制度等方面。由于受时代和阶级的局限，魏源没有像后来的康有为、梁启超等人那样，向资产阶级转化，成为资产阶级改良主义者。此时魏源的"师夷"思想实质，仍属于封建地主阶级改革派的思想范畴。

中国一代精英就这样各奔前程了，他们再也没有见面。

誓师大会

1841年8月，战争的硝烟再次在东南沿海燃起。

璞鼎查向我国东南沿海进犯，但此时沿海各省却在撤兵，防务空虚。时任两江总督兼驻镇海前线钦差大臣的裕谦，获知英军可能再度进攻浙江的消息后，奏请暂缓撤退江浙两省调防官兵，但没有得到道光帝的同意。在兵力不足的情况下，裕谦动员民众布防备战。

1841年8月20日，英国政府新派遣的侵略军统帅璞鼎查率领2 500人，由广州出发，向北侵犯。8月26日攻占了厦门，下一个目标便是浙江的定海和镇海了。消息传来，人心惶惶，投降派趁机造谣说，英国人攻浙江，是因为裕谦杀过他们的人而来报仇的。裕谦是杀过英国侵略军，他发动群众，曾多次出击小股的鬼子和零星兵船，俘虏过一些鬼子的军官，并将他们处以死刑，英国侵略者对裕谦恨之入骨。当然，他们发动战争，绝不是为了裕谦一个人，即使裕谦不抵抗，他们仍然要进攻浙江。面对这种情况，裕谦忧心如焚，他决定在镇海召开誓师动员大会，鼓舞士兵同敌人血战到底。

开誓师大会的那一天，天空格外晴朗，碧波万顷的大海像一个温柔乖顺的孩子，静静地躺在祖国母亲的怀里。裕谦早早地来到会场，神情庄重而严肃，两道浓眉紧锁着，一双炯炯有神的大眼睛含着怒火，他穿着一身整洁的一品大员的官服，威武地坐在会场前边一张长条桌子旁，身后及两侧站了一排手拿着武器的士兵。

镇守金鸡山的守将狼山镇总兵谢朝恩和知府黄冕率着将士来参加誓师大会，镇守招宝山的浙江提督余步云也率将士赶来。会场上，一行行、一排排威武的将士，手拿着各式各样的武器，整整齐齐地站着，个个精神饱满，斗志昂扬。

"轰、轰、轰"，三声礼炮响过，誓师大会开始了，只见裕谦威严地站在那里，大喊一声："来人啊，将白马带上来！"

只见一个士兵牵来一匹白马来到台前，裕谦看了看白马，说："今天，我们要杀牲祭神，一是祭告神灵保佑我们，二是我们要血战到底。刑牲开始！"

只见两个魁梧的大汉手提大刀，将白马杀死，又将白马的血注入装满酒的大缸里。裕谦慢慢地从台上走下

来，走到酒缸前，用酒壶亲自为将士们斟上一碗血酒，然后返回台上，举起酒碗，大声喊道："将士们，英国鬼子又打到我们的家门口来了，上次他们占领了我们的定海，杀害了我们多少同胞兄弟姐妹，他们烧杀抢掠，无恶不作，我们有多少家庭被害得妻离子散，家破人亡，又有多少人被迫背井离乡，四处逃亡。将士们，你们说，还能任鬼子们攻进我们的家园，胡作非为吗？"

众将士齐声怒吼道："不能！我们和洋鬼子拼了！"

喊声震耳欲聋，直冲霄汉，在蓝蓝的天际久久地回荡着。裕谦又慷慨激昂地说："将士们，我是个文官，不会舞刀弄枪，但我的祖先们世代为武将，为国家拓土守疆，战死在沙场，他们的忠魂永远激励着我，我决不会

威远炮台炮巷

贪生怕死，一定和你们一起血战到底，皇上把镇守海疆的重任交付与我，这是皇上对我的信任，但能守住海疆还需要全体将士的奋战，在这里，我敬大家一杯！"

说罢，端起酒碗，一饮而尽。众将士感动得泪流满面，激动地喊着："大人您放心，有我们在，就有城在，决不让鬼子踏进半步！"

裕谦又斟上一碗酒，继续说道："今天，我们已到了生死关头，望大家能生死与共，与阵地共存亡，如果谁贪生怕死，心存异念，或接受洋鬼子的降书，或者离开镇海半步，本官定斩不饶！来，让我们跪下，敬告祖先神灵，我们结成同生共死的兄弟之盟，与城同在！"

说罢，裕谦带头跪下，众将士也纷纷跪下。这时，只有浙江提督余步云在那里直挺挺地站着，裕谦一看，怒火上升，大喝道："余步云，你为何站而不跪？"

余步云不快地说："我腿脚有病，不能跪下。"

裕谦心里一惊，说道："不行，我们祭告祖先神灵，任何人都得跪下。"

余步云无奈，闷闷不乐地跪在了一边。

裕谦大声说道："弟兄们，让我们为能打败洋鬼子，干杯！"

众将士一饮而尽，个个摩拳擦掌，决心与洋鬼子决一死战。

血战镇海

1841年9月，璞鼎查首先率兵3万人，分成29只军舰，这样英军第二次向定海进攻。

10月1日，英军大举进犯定海。裕谦亲自指挥总兵葛云飞、王锡朋、郑国鸿率5 000名守军浴血奋战六天六夜，痛歼英军一千多人。最后，三总兵和大部分将士壮烈牺牲。定海再度失陷。接着，英军乘势进攻裕谦驻节的镇海。

这时裕谦一面誓守镇海，一面向清廷建议速调南京、寿春、徐州等地驻军支援镇海。

10月2日，裕谦在镇海军营，他得到定海再度失守的消息，不禁忧心如焚，他焦急地说："现在定海已失守，我们的枪炮器械又被他们占着，看这情况他们马上将回扑镇海。"

裕谦向道光皇帝写奏道："现在我正在会同浙江提督

余步云督率镇将，协力守御，城存与存，断不敢稍有退志，以冀保守斯土。"裕谦坚守镇海的信心是十分坚定的。

当时防守镇海的兵力只有4 000人，裕谦率兵守城内，令浙江提督余步云、总兵谢朝恩分手甬江口的招宝山和金鸡山。裕谦一面请清政府调兵援浙，一面广募水勇团练乡民，组织民众抵抗。同时，裕谦集众宣誓，表示要与镇海共存亡。

裕谦召集将士，以祭神的方式举行誓师大会，先祭关帝天。广大官兵集结城东关帝庙和天后庙前，对神宣誓。裕谦领众宣誓道：城存俱存，以尽臣职。断不肯以

"虎门故事"展览农家院落场景

保民为辞接受英人片纸，尤不肯以退守为辞离却镇海一步！

战前，裕谦又召集部属对天盟誓："文武将佐，敢有受夷逆片纸者，去镇海一步者，明正典刑，幽遭神殛！"

但是，余步云借口足疾不肯下跪，说明他早怀退意，也预示着战败之局已定。临事贪生畏敌、首先退缩、大懈军心的余步云，见裕谦死守之志难以婉劝，所以他已心恶之，不予誓盟，明目张胆地违抗裕谦所主持的死守

鸦片烟馆

1800年至1839年间，英国鸦片的大量输入，严重摧残了吸食者的身心健康，使中华民族蒙受了深重的灾难。此为烟馆场景。

镇海的抗敌誓盟。

然而，裕谦誓盟死守镇海、闻者振奋的爱国行动，激励着广大爱国官兵的义愤。下午，在临阵前夕，裕谦命部下："凡军中谕旨奏疏及其他文簿置于行馆中。"并告知侍卫官余升："我所起草的诸疏，把它藏在家祠里，朝廷有所推问，以此进。"

随后，裕谦开始料理后事，他说："我没有儿子，妻子体弱，一女在褓褓。"说到这儿，他已泣不成声，嗓子哭得被噎住了。

"节帅！"余升也在哭。

"你别哭！我也不哭啦。我们都不要哭！"但他还是哭着。

"余兄，跟随我一辈子，受了一辈子苦。你对我忠心耿耿，一片丹心，与我同患难共甘苦。过去你是天天向我下跪请安的，今天我倒向您最后道一声：'谢谢您啦！'"裕谦向余升伏拜着说。

平身后，裕谦继续说："余兄，我现在最留恋的就是我的小女儿。把她交给你们啦。

"节帅，这些事儿，您就放心吧。"余升说。

裕谦登城楼督战，投入指挥保卫镇海的战斗。

1841年10月8日，当英国侵略军兵船四十余只逼近镇海海口，英军"不下万人，合舢来犯"时，裕谦抱定

誓死报国的决心，带领士卒，准备与英国侵略军决一死战。

10月9日，英军舰四只驶进蛟门，逼近镇海。

10月10日凌晨，璞鼎查带领万余名英军分两路，每路数千人，分别窜犯镇海的门户招宝山和金鸡山。裕谦亲自登城指挥战斗，官兵斗志高涨。

然而，正当战火纷飞，守军英勇抗敌的时刻，在招宝山前线的浙江提督余步云贪生怕死，不下令开炮。他单骑上城，拜谒裕谦，请求退守。他以保全数百万生灵为由，请遣外委陈志刚前赴夷船上，向英军

示好。

　　裕谦断然拒绝了。

　　片刻后，余步云为了避战逃走，再次登城请求裕谦说："我一人身死，理所应当，但家中妻子儿女三十余口，实属可怜！"

　　裕谦沉着脸，激励余步云："儿女情长，英雄不免，但忠义事大，此志断不可夺。此在城军士，共闻共见者也。"

　　但是，余步云仍不顾国家安危。他见英军攀援欲登

虎门之战场景陈列大楼
　　1841年2月26日，英军进攻虎门第二道防线诸炮台，关天培率军奋起抵抗。

招宝山，便独自行动，竟下令不许士兵还击，接着又在招宝山上挂起了白旗。英军蜂拥登岸，余步云在慌乱中丢弃阵地，绕转山后，逃到了宁波。

金鸡山守军见招宝山不战而溃，一时阵势大乱。在危机形势下，裕谦一面指挥守军烧炮，奋勇攻击，一面又命总兵谢朝恩、协守黄冕坚守金鸡山，歼灭敌军数百人。裕谦又以"扼要合击"的策略，命黄冕持令传知谢朝恩，"撤浃港乡勇，移沙蟹岭，与官兵合"，集中兵力合击。并采取"无论夷由何路上，皆可从半山压击之"的战术，歼灭很多敌人。总兵谢朝恩在战斗中奋勇抗英，力战御敌，但因寡不敌众、弹尽粮绝而失守。谢朝恩本人也在战斗中中炮身亡，光荣殉国。英军上城，金鸡山

威远炮台旧址

失陷。

英军四艘轮船向镇海攻来。他们站在离镇海县城一千多米处的海面上，向镇海开炮。英军船坚炮利，向镇海开了几炮，在镇海县城里就硝烟弥漫，兵马跌倒，士兵四散。

钦差大臣裕谦亲自登上城楼指挥战斗。

他命令士兵向英军船只开小土炮。

第十一个土炮打中了一只轮船，歼灭了英军一百多人。

可是，裕谦没有想到，狡猾的英军是兵分两路向镇海进攻的。这是一路小分队，另一路大队人马由浃港登陆，绕出后山，致使裕谦腹背受敌。

"节帅！你瞧！从北面上来很多夷人。"余升着急地说。

从北面绕山登陆的英国侵略军，手持马刀，黑压压的一片，向镇海县城冲来！

当此危难之时，裕谦亲冒石矢，继续登城督战，不料招宝山火药自焚，英军纷纷上城。

在英军烧毁民屋、炮火雨下和守兵皆散的动乱形势下，裕谦深知城不可收，便命令南京副将丰伸泰保护钦差关防各印，逃出镇海，途至浙江省巡抚衙署。

中午，骄傲自满的璞鼎查亲自率领其英国军队，来

到还仍然站在城楼上的裕谦面前。

余升急忙说："大人，一艘英国轮船直奔我城楼而来！"

裕谦命令道："你们都给我下去，全部到地下室等候我！"

"大人！"余升等人几乎异口同声地看着裕谦。

裕谦说："你们不要顾我。"

"节帅！"他们还犹豫着。

裕谦忽然高举起马刀说："快下去！"

余升等不得不离开裕谦。

璞鼎查来到城楼附近从轮船上用扩音器嚷道："哈哈，快投降吧！你这个堂堂的钦差大臣，你还可以为我们的大英帝国效劳嘛！英国人的胸怀是宽大的！"

钦差大臣裕谦站在城楼上，指着璞鼎查的鼻子骂道："璞鼎查！你不得好死！中国人是杀不完的！"

璞鼎查张着大嘴，冷笑道："杀不完？你瞧着。中国人向来是没有整体意识的，各算各的小'算盘'。所以，我就像你们中国的公鸡捣小米一样，把你们一个一个地吃掉！"

裕谦说："璞鼎查，如果你真有种，你就一个人从轮船上下来，到我城楼下面与我谈判。"璞鼎查从轮船上用扩音器说话，裕谦站在城楼上用自己的嗓子喊，裕谦觉得这不公平。

　　自大的璞鼎查说着："这倒无所谓。"真的一个人手里拿着扩音器从轮船上下来，缓缓走到了裕谦城楼的面前。他说："你是一个蒙古人，你何必为满洲人服务呢？你们蒙古民族是一个伟大的民族，尤其是你们的祖先成吉思汗，他是一个世界级的人物，是一位世界征服者。我们欧洲有一位学者，叫作恩格斯的，他现在也正在研究、观察你们驻江浙的蒙古旗兵。其实，我现在就是成吉思汗。我要征服你们中国整个大

威远炮台月台旧址

陆！"

"住口！"裕谦发怒地叫道，"我们中国有一句俗话，叫作'得民心者得天下'，你们得民心吗？你岂敢还与我们的一代圣人成吉思汗相提并论！呸！你们现在靠你们的船坚炮利，一时可以侵占我们的定海或者镇海等中国领土，但你们征服了我们中国人的心吗？！你们永远征服不了中国人的心！"

裕谦很激动，流着眼泪，仰首望着高高的蓝天白云，停顿了片刻，又接着说："你还说什么我是蒙古人，不要为满洲人服务。不错，我是蒙古人，而且是地地道道的蒙古人。但是，蒙古人不是中国人？满洲人不是中国人？我们蒙古人的祖先成吉思汗建的蒙古大帝国和元世祖忽必烈建的元朝不是中国？满洲人的祖先努尔哈赤建的后金和皇太极建的大清帝国不是中国？你的目的是很清楚的。你让我投降，为你们的英吉利人当牛做马！休想吧，你！"

这时，以胜利者为自居的璞鼎查倒是很冷静。他说："不管怎么说，你的败局现在已定，你的兵马已经四分五裂。你还想——中国人怎么说来着——对，'孤军作战'吗？何必那么固执。这就是你们蒙古人的一种坏脾气。你就从城楼下来吧，我们不会把你怎么样。我还可以给你很多钱。10万金？100万金？1 000万金都可以。我们合作吧。你也不考虑考虑你的妻室儿女吗？我们都知道你是一个从小就失去父亲的孤儿，现在家里还有一个在襁褓中的小女儿。你没有传子接孙的男孩儿。活下来，将来还可以有男孩儿嘛。"

说到"女儿"，裕谦真有点儿动心了。他悲哀地低下了头，闭着眼睛沉思了一阵。

裕谦抬起头，对璞鼎查说："在这里，我给你这位英帝国的大将军先生赠送一首诗吧。"于是，他高声朗诵：

儿女情长，

英雄不免。

销烟场景

　　1839年6月3日至25日，林则徐在虎门海滩当众销毁1 188 127千克鸦片，在世界禁毒史上写下了光辉的篇章。

忠义事大，

断不可夺。

裕谦长声歌咏，以歌代哭。

十月的镇海，雾满大地，凄风苦雨。

"上，给我抓活的！"璞鼎查命其部下。

裕谦知事不可为，败局已定，但他恪守誓言，视死如归，抱着与城俱亡的决心，在万分悲愤中向西北叩头，跳沉泮池殉节。

见此情况，璞鼎查满不在乎地看了一眼百米深的泮池，说："死了也好。这些没用的中国人！死一个少一个。走，我们到城里瞧瞧。"

璞鼎查领着英国人向城中心走去。

余升他们，其实根本就没有下地下室，一直听着裕谦与英国人的舌战。

裕谦投入泮池殉国后，当即被其家丁余升、陆喜等人，同副将丰伸泰、千总马瑞鹏一起将裕谦从泮池里捞起，装入小轿，抢护出城，又到宁波府城。

宁波府知府邓廷采、守绍台道鹿泽成脱掉裕谦的外衣，进行抢救。这时，裕谦还没有彻底断气，危在旦夕。因为英军又攻宁波府城，所以有清兵数十人扛抬裕谦出城，觅一小舟，行抵余姚县。

1841年10月11日下午，过了余姚县，离县城五里，裕谦气绝，殁于杭州。

英国侵华全权代表璞鼎查向英国维多利亚女皇拍电报，汇报自己已占领定海、镇海和宁波等地以及钦差大臣裕谦已投水自尽的战绩。然而，英国女皇维多利亚听后大怒，申斥璞鼎查办理不善，并命令璞鼎查不惜重金速将裕谦的尸体买回。英国女皇是害怕裕谦之余威的。这一下，可把璞鼎查急坏了。

璞鼎查悬10万金购买裕谦的尸体。可沿海人民深切怀念"以御为剿""以守为攻"的裕谦，无人告知他的尸体在哪里。这时道光帝下诏，把他的灵柩早已运回大清帝国首都——北京。

当裕谦的灵柩运回京城时，清廷派大臣前往天津港

迎灵，在紫禁城里专设灵堂并赐奠。

给裕谦举行葬礼的这天，裕谦的弱妻是抱着在襁褓中的女儿，迈着极其无力的步伐，慢慢地走进灵堂。

人们见到母女俩的窘迫，再次哭声四起。

她的眼泪早已哭干了。憔悴、发青的面容，暴露出一种绝望的神情，眼睛已发直。裕谦的弟弟裕恒扶着其嫂嫂。

随着一声"皇上驾到"的高唱之声，道光帝也莅临参加裕谦的葬礼仪式。道光帝当场宣布："追赠裕谦为太子太宝衔，照尚书例赐恤，并在浙江镇海建立专祠，以彰其功。"

然而，裕谦殉国之后，道光帝却重新启用了一批奸佞之徒。他们当中有琦善、伊里布等人。"启用——革职——再启用——又革职"，这是道光皇帝的一个政治发明。

"琦善！"道光叫道。

"卑职在！"琦善急忙跪地。

"朕免罪于你！"道光下谕，"授你为热河都统。"

琦善连连磕头，高呼："皇上万岁！万岁！万万岁！"

道光又说："伊里布，朕派你到浙江任职。"

伊里布也跪着说："皇上万岁！万万岁！"

在新疆，林则徐和邓廷桢二人骑着毛驴，在新疆境内前往伊犁的路上行进着。

林则徐高声喊道："前辈，皇上让我们俩到这广袤的大沙漠里来干什么？叫我们治理沙漠？我看，这样也不错。这是一片自由天地。此刻，他再也不怀疑我们'犯上作乱'了吧？"

邓廷桢："可惜呀！我们是在被革职拿问以后才到这儿的。老了，也干不了什么。我们就像这个西山的夕阳，直往西走吧，走到哪儿算哪儿……"

这时，有人从后面喊道："等一等！"

你说他是谁？他是海关监督豫坤！豫坤也骑着毛驴来到了新疆。

林则徐很奇怪地问:"豫监督! 你也来了?"

豫坤有些不好意思地低着头说:"来了。皇上让我也到这里赎罪。"

"哈哈!"林则徐冷笑一声:"万万没有想到,豫监督也和我们一样成了'罪人',请——"

三个骑毛驴的封疆大吏,消失在广阔的荒漠之中。

英军陆续云集吴淞口外,并以水牌向清军投书挑战。两江总督牛鉴见敌众我寡,主张犒劳英军,缓师避战。提督陈化成却坚定地表示:"如果见敌避战,就是畏敌。今日奉命剿贼,只能有进无退。"

1841年5月8日凌晨,英军以火轮6艘、炮舰7艘结队进犯吴淞口,陈化成驻守的西炮台正是英军的主攻方向。战斗打响后,他身先士卒,手执令旗,登高督战,未等敌舰全部泊定,就率部奋起抵抗,施放重炮,连连击中英舰数艘。接着,两军展开激烈炮战,从天明直至中午。英方舰队自与中国军队作战以来,中国人的炮火以这次为最厉害。英军旗舰被击中多次,后樯被击中三炮,布朗底号被击中14次,希威特海军中尉在甲板上被炮弹击中身亡,西索斯梯斯号被击中11次,其他舰只也都被击中多次。

但是,英军分路进犯时,两江总督牛鉴不派兵支援,反而惊慌失措,消极对抗。刚开始,他虽然率兵从宝山

林则徐与裕谦

　　在禁烟运动中，裕谦主张严禁鸦片输入，重治鸦片吸食者，积极配合林则徐禁烟。鸦片战争爆发后，裕谦是坚决的主战派，并积极劝说道光帝收复定海。他被历史学家称为"林则徐第二"。图为林则徐雕像。

赴援，但是行至校场遭英舰炮击，便随即抛弃靴帽逃命。驻守东炮台的参将崔吉瑞和驻守小沙背的总兵王志元也苟且偷生，先是按兵不动，接着又弃炮台逃跑。英军乘势登陆，轻取东炮台和小沙背，然后并力夹击西炮台。在孤立无援、腹背受敌的情况下，总兵周世荣劝陈化成撤军，陈化成仰望江天，悲壮地说："奉命剿贼，有进无退，我将以死报国。"

周世荣逃走后，陈化成带领亲兵数十人，继续坚守阵地，并亲自燃炮轰击英军，直至手被震裂，炮伤其足，仍屹立不动。不幸，一发炮弹击中炮台，陈化成中弹倒地，壮烈捐躯。吴淞口随即失陷。

裕谦、陈化成、林则徐、邓廷桢、关天培是鸦片战

沙角炮台临高台门楼

争时期抵抗派的代表。用现代人的眼光看，他们知己知彼的功夫还很浅，对付侵略者的办法也很幼稚。可是，在侵略者面前，他们显示了中国人民的凛然正气，堪称中华民族的脊梁。正是由于他们以及他们的后继者不屈不挠的抗争，中国才没有完全沦为西方的殖民地。从这个意义上说，他们无愧于民族英雄的称号。

英军很快攻取上海。上海失守后，两江总督牛鉴又下令英军所经州县，不许开炮抵抗。旋即参与向英国侵略者的投降谈判。

英军直逼镇江。

镇江一千多名蒙古八旗骑兵在副督统海龄的指挥下，与英军作战。

副督统海龄高举马刀，喊道："我们要与城池共存亡，血战到最后！"

英军大炮的剧烈响声。

一个骑兵从马背上摔下。

三个骑兵倒下。

一千多名蒙古八旗骑兵与坐骑一并全部倒下，英勇殉国。

在德国柏林，恩格斯愤怒地撰写了战斗檄文——《英人对华新远征》。

他在文中对当时守护镇江的蒙古八旗驻军给予高度

的赞扬，严厉批判英国人占领中国领土的侵略行为和中国人本身不像守护镇江的蒙古八旗驻军那样到处英勇抵抗的国民性的怯懦现象，以及清朝朝廷大小官吏们的腐败无能。

恩格斯说："英军逼近镇江的时候，才认识到驻守旗兵虽然不通兵法，可是绝不缺乏勇敢和锐气，这些驻守旗兵只有一千五百人，但都殊死奋战，直斗最后一人。他们在应战以前就好像料到战争的结局，他们将自己的妻子儿女绞死或淹死……司令官看到大势已去，就焚烧了自己的房屋，本人也投水自尽。在这次战争中英军损失一百八十五人，他们为了对此进行报复，在劫城时候大肆屠杀……如果这些侵略者到处遭到同样的抵抗，他们绝对到不了南京。"

南京随之暴露在英军面前。没等英军攻打，道光帝就放弃了攻剿的指望，决定投降，授予耆英、伊里布、牛鉴等人"便宜行事"的全权，并要求他们务必妥善、迅速地办理对英议和，不得再有任何犹豫。

1842年7月15日，耆英、伊里布、牛鉴一行狼狈地登上英国旗舰皋华丽号。当亲眼见到英军坚固的船舰和猛烈的炮火时，耆英越发相信这样的军队是中国现有的兵力所无法抗衡的。在此后的谈判中，耆英也曾试图讨价还价，可一旦英方以开炮攻城相要挟，便又马上退缩了。8月29日，耆英一行再次登上皋华丽号，与英国全权代表璞鼎查签订了丧权辱国的《中英南京条约》。《中英南京条约》共13款，主要内容是：

1.宣布结束战争。两国关系由战争状态进入和平状态。

2.五口通商。清朝政府开放广州、厦门、福州、宁波、上海等五处为通商口岸，准许英国派驻领事，准许英商及其家属自由居住。

3.赔款。清政府向英国赔款2 100万两白银，其中600万两白银赔偿被焚鸦片，1 200万两白

沙角炮台的节马雕塑

银赔偿英国军费，300万两白银偿还商人债务。其款分4年交纳清楚，倘未能按期交足，则酌定每年百两应加利息5两。

4.割地。割香港岛给英国。

5.中国海关关税应与英国商定。

6.废除公行制度，准许英商与华商自由贸易。

7.施行领事裁判权，严重破坏中国的司法主权。

《南京条约》是近代西方资本主义国家强加在中国人民身上的第一个不平等条约。英国以武力侵略的方式迫使中国接受其侵略要求，这就使中国主权国家的独立地位遭到了破坏。强占香港，损害了中国领土的完整。通商口岸成为西方资本主义对中国进行殖民掠夺和不等价交换的中心。巨额赔偿加重了清政府的财政负担，同时转嫁到劳动人民的身上，使他们的生活更加艰苦。《南京条约》签订后，西方列强趁火打劫，相继强迫清政府签订了一系列不平等条约。从此，中国开始沦为半殖民地半封建社会。

林则徐、裕谦等人积极发动的鸦片毒品反击战争就这样失败了。古老的中国在西方殖民主义者的威胁面前，从此被蒙上前所未有的羞辱，进入了长达近百年的半封建半殖民地的苦难历程。这一苦难的百年历程，正是与林则徐的被黜、裕谦的殉国同时开始的。

沙角炮台的克虏伯炮